녹색물류활동
Best Practice

박석하·임종석 공저

다솜출판사

목 차

원칙 1. 녹색물류 시스템 구축 ·· 7

   1. 녹색물류 정책 및 조직운영 ··· 7
   2. 법령준수 ··· 27
   3. 인증제도 활용 ··· 31
   4. 환경부하 파악 및 감축활동 ·· 38

원칙 2. 녹색물류 전략 ·· 69

   1. 제품개발 ··· 69
   2. 생산시스템 ·· 71
   3. 입지전략 ··· 76
   4. 모달시프트 ·· 78
   5. 수・배송단위 합리화 ··· 80
   6. 빈도・시간의 합리화 ··· 80
   7. 반품・회수의 합리화 ··· 81
   8. 타사와 협력 ·· 81

원칙 3. 공동화, 표준화 ·· 89

   1. 정보화 ·· 89
   2. 유닛로드・스펙사이즈의 표준화 ··· 91
   3. 공동수배송 ·· 92
   4. 보관시설 공동화 ·· 95

원칙 4. 운영시스템 최적화 ··· 97

    4.1 수배송의 재검토

        4.1.1 수배송계획 재검토 ··· 97

        4.1.2 적재율 향상 ·· 100

        4.1.3 점검·정비·안전 관리 ··· 104

        4.1.4 에코드라이브 실시 ··· 107

        4.1.5 저공해차 도입 ·· 110

    4.2 포장 재검토 ··· 119

        4.2.1 포장자재 폐지·슬림화 ··· 119

        4.2.2 포장재 재사용·재활용 ··· 125

        4.2.3 환경부하가 낮은 소재사용 ··································· 141

        4.2.4 저공해 기기 도입 ··· 144

    4.3 하역·보관·유통가공

        4.3.1 기기도입·운영 ·· 145

        4.3.2 레이아웃·설계 ·· 152

        4.3.3 물량 표준화 ·· 155

        4.3.4 자재, 재고 삭감·변경 ··· 157

    4.4 환경성과

        4.4.1 커뮤니케이션 ·· 162

        4.4.2 성과 측정 ·· 176

[참고문헌] ·· 183

원 칙		핵심 활동	비고(실천활동)
Ⅰ. 녹색 물류 시스템 구축		1. 녹색물류정책 및 조직운영	
		2. 법령 준수	
		3. 인증제도 활용	
		4. 환경부하 파악 및 감축활동	
Ⅱ. 녹색물류전략		1. 제품개발	
		2. 생산시스템	
		3. 입지전략	
		4. 모달시프트	
		5. 수·배송 단위 합리화	
		6. 빈도·시간 합리화	
		7. 반품·회수 합리화	
		8. 타사와 협력	
Ⅲ. 공동화·표준화		1. 정보화	
		2. 유닛로드·스펙사이즈의 표준화	
		3. 공동 수·배송	
		4. 보관시설 공동화	
Ⅳ. 운영 시스템 최적화	수·배송의 재검토	1. 수·배송계획 재검토	
		2. 적재율 향상	
		3. 점검·정비·안전 관리	
		4. 에코드라이브 실시	
		5. 저공해차 도입	
	포장 재검토	1. 포장자재의 폐지·슬림화	
		2. 포장자재의 재사용·재활용	
		3. 환경부하가 낮은 소재사용	
		4. 저공해 기기 도입	
	하역·보관· 유통 가공의 재검토	1. 기기도입·운영	
		2. 레이아웃·설계	
		3. 물량 표준화	
		4. 자재, 재고 감축·변경	
	환경성과	1. 커뮤니케이션	
		2. 성과 측정	

원칙 1. 녹색물류 시스템 구축

핵심활동 1 녹색물류 정책 및 조직운영

실천항목 [1] 기업의 환경방침이나 계획 등에 대한 최고경영진의 의지표명이 적극적으로 이루어지고 있는가?

사례 1 HONDA (환경 연차 리포트 2009년)

혼다는 공해문제가 심각한 1960년대부터 환경과제를 해결하기 위한 활동을 해왔다. 1992년에는 환경과제의 사고방식을 명문화한 "혼다 환경선언"을 제정하였다.

[그림 1] Honda 환경선언 p.07

지구환경보전을 중점과제로 하는 사회의 책임있는 일원으로서
Honda는 모든 기업활동을 통하여 사람의 건강 유지와 지구환경의 보전에
적극적으로 기여하고 그 행동에 있어서 선진성을 유지하는 것을 목표로 하여
그 달성에 노력한다.

가이드라인
- 1 -
우리들은 상품의 연구, 개발, 생산, 판매, 서비스, 폐기라는
라이프사이클의 각 단계에 있어서
재료의 리사이클과 자원, 에너지의 절약에 노력한다.
- 2 -
우리들은 상품의 라이프사이클 각 단계에서 발생하는 폐기물,
오염물질의 최소화와 적절한 처리에 노력한다.

> - 3 -
> 우리들은 기업의 일원으로서 또 사회의 일원으로서
> 사람의 건강유지와 지구환경보전에 노력하는 것이 중요하다고 인식하고
> 적극적으로 행동하는 것에 노력한다.
> - 4 -
> 우리들은 사업소의 활동이 각각의 지역 사람들의 건강과 환경과
> 사회에 대하여 미치는 영향에 대하여 인식하고
> 사회로부터 높은 평가를 받도록 노력한다.

사례 2 한진해운 (지속 가능 보고서 2013)

한진해운은 2011년 녹색경영을 위한 전담조직인 기술경영팀을 신설하고 Strategic Compliance, Green Supply Chain, Green Reputation, Green Growth 4개의 축을 바탕으로 녹색경영을 추진하고 있다. 특히 선박의 온실가스 배출과 관련한 국내·외 규제를 준수하고 배출량을 감축하기 위해 지속적으로 노력하고 있다. 2009년부터 한진해운 홈페이지에 고객이 직접 탄소 발자국을 계산할 수 있는 'Supply Chain Carbon Calculator'를 운영하여 고객과 이해관계자의 환경에 대한 인식을 제고하고 있다. 2009년 컨테이너의 모든 운송 구간별 이산화탄소 발생량을 산출할 수 있는 탄소 배출량 계산기(Supply Chain Carbon Calculator)를 개발해 홈페이지를 통해 고객에게 제공하고 있다. 고객이 직접 화물의 출발지, 목적지 그리고 무게를 입력해 각 운송 구간에서 배출되는 탄소량을 계산할 수 있기 때문에 보다 효율적으로 온실가스 저감 전략을 세우는데 기여할 수 있다.

[그림 2] 연도별 물류차량 연비 실적 추이 (Km/L) P.33

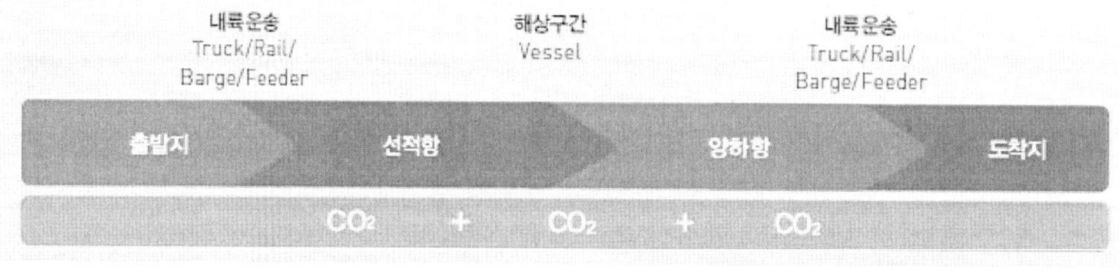

사례 3) 유한킴벌리 (지속가능보고서 2011년)

1996년 환경경영을 선포하고 전담팀을 설치하여 지속적으로 기후변화에 대응. 2020년 배출전망치(BAU)*대비 온실가스 30% 감축 및 녹색제품 매출 30% 달성을 미션으로 하는 저탄소 비전에 따라 공정개선과 더불어 온실가스 조기감축 사업, 배출권거래제 시범사업, 물류에너지 목표관리제도에 참여하고 있다.

[그림 3] 유한킴벌리 저탄소 비전 및 로드맵

사례 4) Maersk Line

■ 환경문제 인식

머스크라인은 환경 문제를 지속가능한 경영의 주요 과제로 채택해 체계적인 환경보호 정책을 시행하고 있다. 해상운송은 다른 운송수단에 비해 에너지 효율적이고 친환경적이지만 머스크라인은 NGO 및 여러 국제기구들과의 협력을 통해 이산화탄소 배출에 대한 환경 관련 규제 기준을 제시하고 이를 해운업계에 적용시키고 있다. 2010년에는 업계 최초로 선박별 이산화탄소 배출량 인증서를 받음으로써 이산화탄소 방출 배출량에 대한 신뢰도를 높이는 한편 환경 경영을 추구하는 고객들에게 보다 투명한 서비스를 제공하는 계기를 마련하였다. 이를 통해 2013년, 이산화탄소 배출을 380만 톤까지 감축하는 동시에 사업의 성장을 4.1% 끌어올렸으며, 머스크라인을 이용한 고객사들의 경우 타사 대비 평균 260만 톤의 이산화탄소를 감축하였다. 머스크라인은 2020년까지 25%의 이산화탄소 방출량 감소를 목표로 온실가스와 아황산가스 감량을 추진 중에 있다.

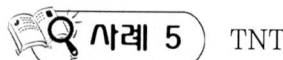 **사례 5** TNT

■ 탄소효율성 개선

TNT는 2020년까지 탄소효율성을 최대 45%까지 개선시키는 것을 목표로 하고 있으며 이를 위해 3가지 측면에서 노력을 기울이고 있다.

◇ 운영(Operations)

NT의 업무 전반에 걸쳐서 실행되는 이산화탄소 감축을 위한 기업차원의 노력들로 항공, 자동차, 운송차량 등 주요 영역에서 발생하는 이산화탄소의 양을 줄이기 위한 노력을 진행 중에 있다.

◇ 고객(Customers)

TNT는 이산화탄소 배출량을 측정, 분석하고 그 결과를 고객에게 투명하게 공개하며, 일상생활에서 이루어지는 이산화탄소 감축 노력에 동참할 수 있도록 고객에게 이산화탄소 관련 정보를 제공하고 있다.

◇ 사람(People)

TNT의 모든 직원들과 파트너사에게 에너지 절약 및 이산화탄소 감축에 대한 인식 제고를 위한 교육을 진행하고 있다.

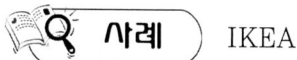 **사례** IKEA

■ IWAY (이케아 행동방침)

이케아는 공급 사슬 안에 있는 모든 참가자들이 따라야 하는 IWAY라는 행동방침을 발표하였다. 다수의 항목으로 구성된 IWAY에는 파트너들이 어떻게 행동해야 하는 지, 이에 대해 이케아는 어떻게 보상할 것인지가 명시되어 있다. 이케아가 뛰어난 환경 경영 전략으로 인정받는 이유는 이케아가 자사뿐만 아니라 다른 공급 파트너, 소매점 파트너들에게 환경 방침을 철저히 지키도록 요구하기 때문이다. 이케아는 50여 개가 넘는 국가에 2000개가 넘는 공급 파트너를 가지고 있고, 전 세계 42개국에 345개의 매점을 가지고 있다. 이렇게 많은 파트너들이 이케아와 함께 환경 경영에 나선다면 그 파급효과는 매우 크다고 할 수 있다. 이케아는 IWAY의 실효성과 성공률을 높이기 위하여 WWF, UNICEF, UNDD 등의 국제기구와 함께 협력하고 있다.

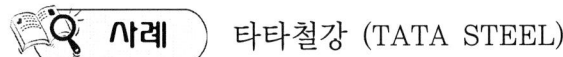 타타철강 (TATA STEEL)

■ 온실가스 감축목표 설정
TATA STEEL은 탄소배출량을 2012년까지 10%, 2020년까지 25% 감축하는 자발적인 목표를 설정하였으며 강철생산 1톤 당 2톤씩 배출되던 CO_2를 2012년까지 1.8톤으로, 2020년에는 1.5톤까지 감축하는 목표를 설정하였다.

실천항목 [2] 그린물류 방침이 있거나 물류방침 내에 환경을 고려한 항목을 포함하고 있는가?

 DHL (Corporate Responsibility Report 2009/10)

■ GoGreen 프로그램
GoGreen 프로그램은 '살아있는 책임감'이라는 전략을 구성하는 환경보호 프로그램이다. DHL이 물류회사로서 서비스를 통하여 전 세계를 연결하고 성장하며 동시에 국제화를 지원하고 있으나, 국제화는 지속가능한 기반위에 개발되어야 한다. 지속가능한 개발을 위해 DHL은 환경보호에 중요한 역할을 수행하고 있으며 환경정책의 목표는 다음 네 가지와 같다.
- 환경에 미치는 영향을 최소화하는 노력을 경주한다.
- DHL이 수행하는 업무를 투명하게 관리한다.

- 환경과 DHL그룹에 가치를 제공한다.
- 환경적으로 책임있는 미래를 위한 분명한 방법을 제시한다.

GoGreen의 주 초점은 기후보호, 즉 탄소효율 개선이다. 이를 실천하기 위해 2007년 대비 2020년까지 이산화탄소 효율을 협력회사 배출량을 포함한 기준으로 하여 30% 개선할 것을 선언했다. 즉, DHL은 탄소효율을 측정한 첫 물류회사로서 효율을 개선하고 환경부하를 최소화하여 원가를 절감하고 가치를 증가하고자 한다. 이를 위해 '환경관리 6단계 접근법'을 개발했다.

- 1단계 : 환경관리 기초를 제공단계로서 환경정책을 도입하고 환경 담당자를 지명하는 단계
- 2단계 : 표준단계로서 직원들에 대한 환경 기본훈련 및 비상시 대처방법 등에 대한 기본 표준을 설정하는 단계
- 3단계 : 환경시민권단계로 환경목표를 사업계획과 KEPI(Key Environmental Performance Indicators)연계하여 통합시키는 단계
- 4단계 : 우수환경시민권을 확보하는 단계로 ISO14001 획득하고 에코드라이빙, 안전운행 등이 정착되며 환경개선 노력이 확장되는 단계
- 5단계 : Best in Class 단계로 환경경영시스템이 완성되어 미래의 환경에 대한 아이디어를 찾아내고 이를 교환하며 새로운 그린 솔루션을 마련하는 단계
- 6단계 : DHL의 비전을 실현하는 지속가능한 경영을 완성하는 단계로서 의사결정시 사회, 경제, 환경측면을 고려하는 단계

[그림 4] DHL 환경관리 6단계 p.19

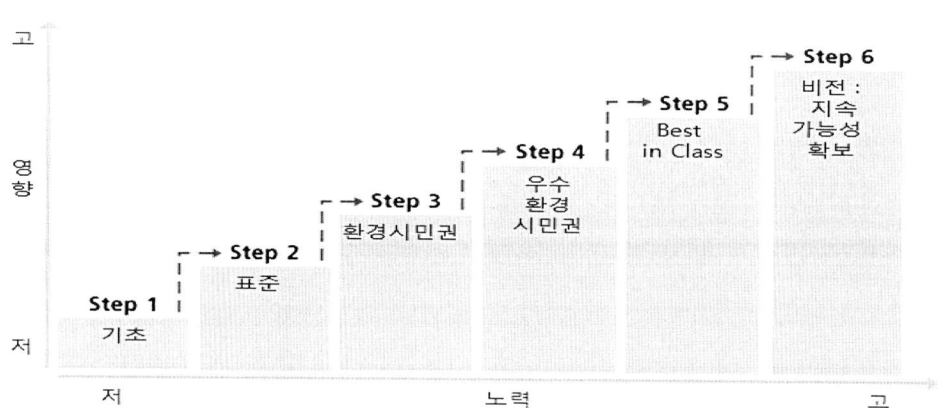

사례 | 사가와 큐빈

사가와 큐빈은 "좋은 기업시민"으로서 자주적으로 계속적인 환경보전을 위한 기본 방침을 정하고 지구 환경문제에 접근하여, 사회와 자연과의 공생을 도모하면서 지역사회의 발전에 공헌한다.

■ 환경방침
- 배출가스에 의한 지구 온난화, 대기오염을 방지하기 위하여 수송의 효율화, 저공해차의 도입, 에코드라이브의 실천을 추진하고, 환경보전을 위한 지속적인 개선을 도모한다.
- 성자원, 성에너지, 3R을 추진하고, 순환형 사회 구축을 위하여 그 도전에 대한 개선, 기획, 제안을 한다.
- 환경관련법규, 조례, 협정 및 기타 요구 사항을 준수하고, 환경부하의 저감, 환경오염 방지에 노력한다.
- 환경교육, 계발활동을 통하여 전 종업원에게 본 방침을 주지하고, 환경활동을 추진한다. 동시에 널리 일반적으로 본 방침 및 당사의 환경활동에 관한 정보를 제공한다.
- 환경목적, 환경목표를 정하고, 정기적으로 변경함에 따라 환경 Management System의 계속적인 개선에 노력한다.

■ Carbon Neutral 수송

SG은 2014년 3월 업계에서 처음으로 CO_2 실질배출량을 Zero로 억제한 「Carbon, neutral 수송」을 개시하였다. 「Carbon, neutral 수송」은 익월 작업 시에 사용된 수송트럭으로부터 배출되는 CO_2를 이와데현의 부석지방 삼림조합 등의 offset credit(J-VEK)을 사용하여 offset 하는 것으로 서비스의 이용자는 환경부하저감과 지진부흥지원의 양면에서 공헌할 수 있는 이점이 있다.

사례 쉥커(Schenker)

■ 'CO2FREE, CO2REDUCED, CO2MINUS'

'CO2FREE'는 애초에 CO2를 배출하지 않도록 하는 방안으로서, 전기를 이용하는 운송수단 혹은 그린 에너지자원을 사용하는 방법으로, 상대적으로 부가가치가 낮은 기존의 에너지원을 되도록 소비하지 않거나 고부가가치의 그린 에너지 기술을 개발하는 등의 노력을 말한다. CO2를 어쩔 수 없이 배출할 수밖에 없는 상황이라면, 그 양을 절대적으로 줄이는 방안을 모색하는 것이 'CO2REDUCED'다. 예를 들어 전환수송에 가장 효율적인 차량 기술을 현대화하는 것이다. 이 두 가지 방안 보다 더 적극적인 프로젝트로서 'CO2MINUS'는 탄소절감을 넘어 탄소를 중립화하는 방안이다.

사례 UPS

■ Carbon Neutral mail

한 장소에서 발생하는 배출(포장물이 UPS 네트워크를 통해 이동하는 중에 발생하는 배기관 배출 등의 경우)을 세계 다른 지역에서 그만큼의 탄소를 제거함으로써 상쇄시키는 프로그램이다. The Carbon Neutral Company에 의해 「탄소 중립 의정서(Carbon Neutral Protocol)」를 준수하고 있음을 인증 받고 Societe Generale de Surveillance(SGS)에 의해 확인을 받은 강력한 프로그램이다. 모드와 범위 별 탄소 영향을 지정할 수 있으며 제품 라인, 부서 또는 배송 센터별 상세 보고서를 고객에게 제공 가능하다. 매년 초, 전 년도 발송으로 인한 총 배출량을 확인하기 위해 감사를 실시하고, UPS carbon neutral 발송물에 관한 2차 감사를 실시하여 충분한 상쇄가 진행 되었는지 확인하고 있다.

실천항목 [3] 녹색 물류를 추진하는 조직(담당자)이 구축 또는 지정되어 있는가?

사례 LG화학 (지속가능보고서 2009년)

■ RC(Responsible Care)

1991년 '전사 환경안전위원회'를 발족시켜 고객과 기업, 환경을 하나로 묶는 기업경영을 추진해 온 LG화학은 RC를 전사 차원에서 본격적으로 추진하고 전 임직원의 환경·안전의식을 고취하기 위해 '전사 환경안전 위원회'를 공장·사업본부·지원 부분을 위원으로 하는 환경·안전경영 회의체인 '전사 RC위원회'로 확대 운영하고 있다. 반기 1회 개최되는 전사 RC위원회'와 별도로 각 사업장에서는 각종 환경·안전관련 회의체가 통합된 'RC위원회'를 운영하고 있다. RC위원회는 환경·안전·보건·에너지 관련 주요 정책의 입안, RC 활동실적의 분석과 평가, 주요 이슈와 정보의 공유, Best Practice 공유 등을 통해 기업 내외의 환경·안전·에너지 개선 요구에 능동적으로 대처하고 있다.

[그림 5] RC위원회 조직도 P.46

```
                        CEO
                         │
          ┌──────────────┴──────────────┐
    전사 RC위원회                    주재임원
    (홍보/업무담당)                환경안전 공장장
          │                              │
        위원                         환경안전팀
   - 사업장 환경안전 공장장          - 사업장
   - 사업장 환경안전팀장
   - 사업본부 전략기획팀장
   - 본부 사업전략팀장
   - 홍보팀장
```

〈표 1〉 사업장 RC활동 내역 p.46

위원회	활동 내역
공장 RC 위원회	환경안전에 대한 핵심사항 논의, 사고재발방지 대책 심의 및 승인, 공통적 환경안전에 대한 개선안 확정, 선진기법 도입 검토등
단위공장 RC 위원회	해당공장 환경안전에 대한 사항 논의 (목표 및 추진방향, 실적 및 계획 공유, EVENT/ 안전작업절차/자율 관리방향)
	설비 문제점 및 개선에 대한 사항 논의, RC 중앙위원회 확정에 대한 정보 공유 및 실행, 기타 환경안전 건의 및 개선에 대한 사항
RC 실무 위원회	공통 단위 공장의 현안 문제점 개선안 수립, 환경안전에 대한 의견 취합 및 사고 예방에 관한 사항 등 환경 안전 지원사항, 국내외 동향 분석 및 정보전달

LG화학은 근로자의 안전보건, 공정안전, 오염방지 및 비상대응 등 4개로 운영되던 RC코드를 '유통', 및 '전과정 책임주의' 2개 항목을 새롭게 추가하였다. 한편, 사업장별 에 따라 RC 제반 요건의 준수 및 실행의 효율성 여부를 자체 평가하여 개선 목표에 반영하고 있다.

[그림 6] RC 자체평가 결과 P.46

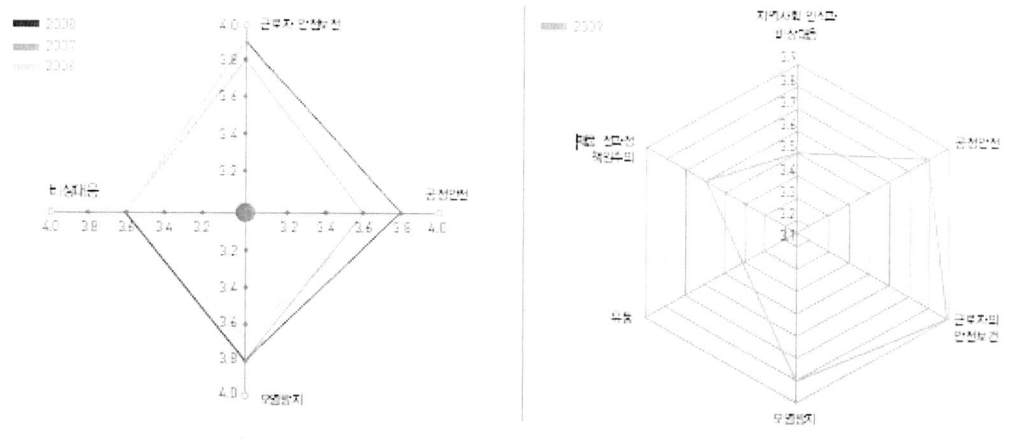

 **사례** STX 팬오션 (지속가능보고서 2009년)

■ 전담부서 구축

[그림 7] STX Green Environment TFT P.24

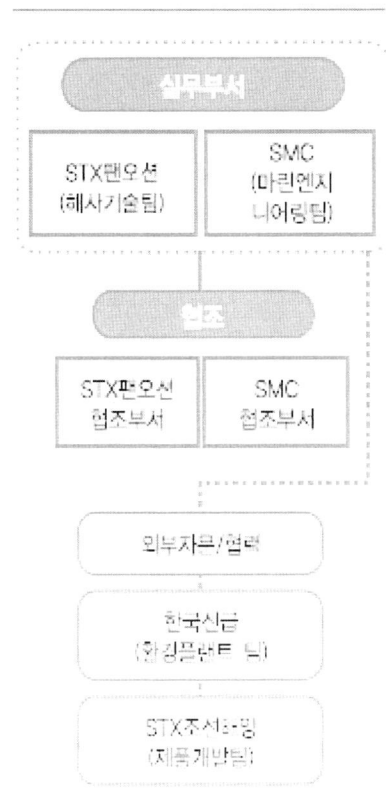

STX팬오션은 기후변화 및 외부환경의 변화에 발맞추어 전담조직인 Green Environment TFT를 발족하고, 에너지 효율을 증진하고 온실가스 감축 목표를 자체적으로 수립하여 기후변화에 대응하고 있다. 먼저 모든 선박과 선박관리회사가 환경 표준인 ISO 14001 인증을 받아 운영하고 있으며 선박의 환경영향을 줄이기 위해 PBCF 설치, 선저 Full Blating 등 첨단기술을 도입하는 한편, 연료유에 첨가제를 사용하여 에너지효율 향상을 꾀하는 등 당사의 사업과정에서 발생할 수 있는 환경영향을 최대한 줄이고자 노력하고 있다. 이러한 기술·운영 차원의 노력 이외에도 향후 장기적으로 탄소펀드에 가입하거나 탄소배출권을 확보하여 관련 사업에 진출하는 등 경제적 제도를 통해 기후변화방지에 기여할 수 있도록 방안을 마련해 나가고 있다. 또한 에너지 절감과 온실가스 감축 방안을 보다 구체화하고 시스템화하기 위해 온실가스 인벤토리를 구축하고 Ship Energy Management Plan(SEEMP)을 제작하여 전 관리 선박에 배포할 예정이다.

 **사례** BGF 리테일

■ TFT 조직

BGF리테일은 정부의 「저탄소녹색성장기본법」에 대한 선제적 대응과 함께 탄소배출량 및 에너지사용량 절감을 통한 기업이미지 제고와 비용절감을 위해 내부적으로 녹색물류 추진전략 수립 및 숲파트너사 관리자를 포함한 녹색

물류 TFT 조직을 구성, 선진 물류 시스템의 안정적인 조기 도입과 저탄소·녹색성장을 위한 여러 가지 시범사업에 적극적인 투자를 통해 유통업계 녹색 물류를 선도하고 있다.

 **사례** 삼성전자 (지속가능경영보고서 2013년)

■ 녹색경영 운영 및 협의체

삼성전자는 다양한 녹색경영 협의체를 운영하여 책임과 권한을 명확히 하고 체계적인 녹색경영에 힘쓰고 있다. CEO 직속의 CS환경센터는 글로벌 녹색경영 전략을 수립하고 친환경제품 개발을 위한 에코디자인, 제품 유해물질 관리, 제품 에너지 규제 대응 및 글로벌 폐전자제품 재활용 등 녹색경영 활동을 총괄하고 있다. 또 다른 CEO 스텝조직인 환경안전센터는 전 세계 삼성전자 사업장의 환경, 에너지 및 안전보건 업무를 총괄하고 있다. 제품의 생산, 사용, 물류 등 전 과정에서 발생하는 온실가스와 수자원 관리뿐만 아니라 사업장 안전보건 관리, 글로벌 환경규제 변화 및 국가정책을 모니터링하며 각 사업장 환경안전관리 부서와 긴밀한 관계를 유지하고 있다. 2013년 삼성전자는 이사회 산하에 전문 위원회인 CSR위원회를 설치했으며 CSR위원회는 기업의 사회적 책임과 공익 보호에 소홀함이 없는지 감시·감독하는 기구로서 사회공헌, 동반성장, 공정거래뿐만 아니라 환경보전 관련 협의를 통해 삼성전자 녹색경영의 내실을 다져나가고 있다.

〈표 2〉 녹색경영 전사 협의체 p.ENV08

위원회	내용	주관	시행주기
환경안전위원회	전사 환경전략 심의 및 사업장 현안 협의	CFO	연2회
에코협의회	에너지 고효율 및 친환경 제품 개발목표 및 실천전략 수립	CS환경센터장	연2회
ESH부서장 회의	화학물질, 건강 등 전사 환경안전보건 전략 협의	환경안전센터장	연6회
기후변화 실무회의	기후변화대응 실천과제 결정 및 이행관리	환경안전센터장	연5회

실천활동 [4] 임직원들에게 녹색물류 교육을 실시하고 있는가?

사례 삼성전자 (지속가능경영보고서 2014년)

■ **임직원 환경교육**

삼성전자는 전사 환경교육 체계를 기반으로 녹색경영 마인드 제고 및 공감대 형성을 위해 기본교육, 법정교육, 직무교육, 해외교육 등 다양한 교육 과정을 제공하고 있다.

◇ 기본교육 : 삼성전자의 녹색경영 가치체계 및 전략을 공유하고 기본적인 친환경 마인드를 제고하기 위해 전 임직원 대상 녹색 경영 기본개념을 교육하고 있다.
◇ 법정교육 : 전 임직원의 건강하고 안전한 근무를 위해 근무환경에 따른 환경·안전교육을 실시하고 있으며 특히, 국내외 각 지역별 법적으로 규정되어 있는 안전교육 요구사항을 성실히 수행하고 있다.
◇ 직무교육 : 임직원의 개별 직무별 역량 강화 및 전문가 양성을 위해 환경경영, 제품환경, 에너지 등 다양한 분야에 걸쳐 직무 교육을 실시하고 있다.
◇ 해외교육 : 해외법인의 신입사원, 특수 작업자 등 현지인을 대상으로 하는 해외교육을 국내에서 실시하는 법정 교육과 동일하게 실시하고 있으며, 간부 승격교육에 환경안전 과정을 추가하여 환경안전 의식을 고취하기 위해 노력하고 있다.

■ **환경안전 전문가 육성**

환경 안전에 대한 임직원 인식 제고뿐 아니라 안전을 최우선으로 하는 사업장 환경 조성을 위하여 환경안전 전문가를 육성하는 교육 체계를 수립했다. 환경안전 인력을 대상으로 환경, 안전보건, 방재 3개 분야의 24개 직무과정을 개설하여 전문 역량을 향상할 수 있도록 지원하고 있다.

⟨표 3⟩ 단계별 인증체계 p.45

단계	Basic (1단계/초급)	Advanced (2단계/중급)	Expert (3단계/고급)	Leader (4단계/특급)	Pro (5단계/기술사)
역량	법규에 따른 업무 수행	법규 근거 표준 수립	해당 파트 Audit 가능	해당 분야 Audit 가능	전 분야 Audit 가능

■ 환경안전 혁신대회

　삼성전자는 환경안전 우수사례를 공유하고 안전문화 확산을 위하여 제1회 환경안전혁신대회를 개최했다. 이번 환경안전혁신대회에서는 220여 명의 임직원이 참여해 환경안전 개선 프로세스 및 우수 사례를 공유했다. 또한, '소통형 현장 벤치마킹'을 통해 반도체 제조현장에서 우수혁신 사례를 체험하고 개선 방안을 토론하였으며 향후 참여인력을 해외법인 및 협력사까지 확대해 나갈 계획이다.

⟨표 4⟩ 대회내용

테마	주요내용
환경안전 혁신사례 전시	화학물질, 작업환경, 사고예방, 에너지, 연구논문, 재자원화, 시스템, 보호구의 8개 테마로 총 85점의 개선사례를 실물과 동영상으로 전시
우수현장 벤치마킹	환경안전체험관, 반도체 라인 등 우수사례를 접목한 현장을 방문하여 신기술과 다양한 안전관리기법에 대해 토론하며 벤치마킹
우수사례 발표대회	사업장별 우수사례를 발표하여 참석자들에게 전파하고, 미래 환경안전 혁신 방향을 공유

■ 친환경 어워드 수상

　각 국 정부, 단체 등에서는 제품의 친환경 특성을 소비자에게 제공하고 기업의 녹색경영 활동을 촉진하기 위해 다양한 형태의 친환경 어워드 시상제도를 운영하고 있다. 삼성전자는 에너지 고효율 냉장고, TV, 물 절약 세탁기 등 친환경제품과 국가별로 시행하는 자발적 재활용 프로그램 운영 등 녹색경영 활동에 대한 공로상 등 다수의 어워드를 수상했다.

〈표 5〉 친환경 어워드 수상 실적 p.ENV012

지역	명칭	주관	시기	수상 내용
국내	로하스 어워드	로하스 협회	2009.05	LED TV (대상), 세탁기 (최우수상)
	코리아 그린 어워드	한국일보	2009.06	녹색경영 부문 우수기업
	에너지 위너상	소비자 시민 모임	2009.07	LED, TV, 냉장고, 에어컨 등 9개 제품
	한국 CDP 최우수 기업상	CDP 한국 위원회	2009.10	한국 CDLI(탄소정보공개) 최우수 기업
	녹색상품 위너상	능률 협회	2009.10	세탁기, 냉장고, 김치냉장고
	그린스타 인증상	한국능률 협회	2013.04	친환경 브랜드 4개 제품 선정 (세탁기, 냉장고, 김치냉장고, 에어컨)
	한국 CDP Award	한국 CDP	2013.11	탄소경영 글로벌 리더스 부문 수상
글로벌	SEA Global Efficiency Medal competition	SEAD	2013.09	모니터 6개 제품 글로벌 수상 (유럽 2개, 북미 1개, 글로벌 2개, 호주1 개)
미국	Electronic Recycling Industry Award	Illinois EPA	2013.01	재활용 실적 공로 수상
	CEA Top performer recognition	가전협회 (CEA)	2013.10	가전업계 재활용 실적 공로 수상
영국	Green IT Award	BTC	2013.05	갤럭시 노트 탄소저감 공로 수상
	Sustainability Leaders Awards	edie	2013.11	친환경 혁신기술 부문 세탁기 수상
이탈리아	Ecohitech Award	Assodel	2013.10	탄소저감 공로 수상
헝가리	E.ON Energy Conservation Award	e-on	2013.10	청소기 에너지 효율 공로 수상
러시아	Trusted Brands Award	Readers Digest	2013.10	대형가전, 소형가전 부문 친환경 브랜드 선정
인도	Energy Conservation Award	동력자원부	2013.12	냉장고 에너지 고효율 제품 선정
중국	Sustainable development Award	Economic Observer	2013.11	친환경 제품 출시, 청정생산 공로 수상

 유한킴벌리 (지속가능보고서 2014년)

■ 환경교육 실시

각 공장별로 신입사원 및 환경안전관리 담당자, 협력회사를 대상으로 다양한 환경교육을 지속적으로 진행함으로써 작업장 안전을 확보하고 환경경영을 실천하고 있다. 2013년 환경경영시스템(EMS) 및 환경영향평가 교육, 현장 안전교육, 환경 직무 교육, 유해물질 취급 교육 등이 실시되었으며, 총 1,644명이 참여하였다.

〈표 6〉 2013년 사업장별 환경교육 현황

구분	주요교육과정	참여인원	합계
김천공장	환경경영시스템의 이해, 협력회사 현장안전교육, 유독물 운반 및 주입에 따른 사고 예방 교육, 사업장 환경사고 리스크 관리 및 개선방안, 환경 사고 사례 교육 등	546명	1,644명
대전공장	정기 환경교육, 환경경영 프로그램 교육, 협력회사 환경방침 교육, 폐기물 분리수거 및 환경정보 교육, 비상사태 대응 조치 요령, 작업 시 안전관련 사항 등	348명	
충주공장	환경경영시스템 및 EHS 운영계획 설명, 위기관리 대응절차, 1사1하천 및 환경관련 이슈사항 공유, 폐기물 분리수거 교육 등	750명	

실천활동 [5] 그린물류 추진을 위한 세부계획을 수립/관리하고 이를 임직원들이 충분히 인식하도록 하고 있는가?

 코스코 로지스틱스(COSCO LOGISTICS)

■ 녹색물류 프로젝트

COSCO LOGISTICS는 기술혁신을 통한 물류 에너지 절감 및 온실가스 배출 감소를 추구하고 있다. 2007년부터 최저 탄소배출을 목표로 녹색물류 프로젝트를 진행하고 있으며, 기술혁신을 통한 운송 및 저장 과정 중의 탄소 배출 감소를 핵심 활동으로 선정하였다.

◇ 온실가스 배출
2013년, COSCO 그룹은 적극적으로 연료 소비감소를 위해 항로 디자인 최적화 및 온실 가스 배출을 줄이기 위한 고 전력 소자의 기술적 재구성을 강화하여 효과적으로 선박의 온실 가스 배출량을 조절하고 있다.

◇ 탄소발자국 계산
운송사업과 선박교통의 탄소 배출량을 연구 및 계산하기 위해 「전 과정 평가(LCA : Life Cycle Assessment)」를 주요 사업으로 시작하였으며 탄소 발자국은 선박제조, 선박운송, 선박처분에 대한 연구로 각기 다른 분야와 기간의 탄소배출량을 계산할 수 있다.

◇ 「Green Flag」 프로그램
롱 비치의 포트에 의해 시작된 환경 보호 프로그램으로 배가 항구에 들어가고 나갈 시 35 마일의 거리의 12 항구에서 낮은 속도로 운행하는 것을 요구하고 있으며 롱 비치 항만에서 녹색 깃발 상을 수상하였다.

실천항목 [6] 해외거점을 포함하여 그린물류부문에 대한 활동을 실시하고 활동
　　　　　　내용을 공유하고 있는가?

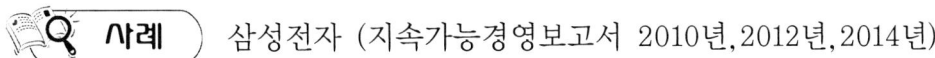 사례　삼성전자 (지속가능경영보고서 2010년, 2012년, 2014년)

■ 생산자 책임회수 재활용
삼성전자는 개별 생산자 책임 원칙(Individual Producer Responsibility)에 따라 폐제품의 회수 및 재활용을 촉진하기 위해 노력 중이며, 미주, 캐나다, 유럽, 인도,

호주 등 전 세계 60여개 국가에서 폐전자제품의 회수 프로그램을 운영 중에 있다.

[그림 8] Samsung Recycling Direct(SRD) 재활용 캠페인 2010년 P.54

삼성전자는 2008년 10월부터 전미 재활용 프로그램인 SRD를 통해 미주, 캐나다 전역에 걸쳐 폐전자 제품 회수 활동을 실시하고 있다. 이에 2009년 6월에는 펜실베니아 주정부로부터, 9월에는 위스콘신 주정부로부터 그리고 11월에는 뉴햄프셔주로부터 자발적 폐전자 제품의 재활용 활동을 인정받아 우수기업 상을 수상했다.

또한 미국 환경청(EPA)은 11월 미국 재활용의 날을 맞아 실시한 'TV Recycling Challenge' 캠페인에서 삼성전자의 SRD 프로그램을 우수 재활용 프로그램으로 선정하는 등 삼성전자의 자발적 재활용 노력은 여러 기관에서 인정받고 있다.

◇ 국내

1998년 국내 전자업계 최초로 폐전자제품 종합 재활용센터인 아산 리사이클링센터 구축을 시작으로 현재 전국에 8개의 재활용 센터를 관리하고 있다. 특히 전국 1,500여개 판매 대리점과 20개 지역 물류센터로 구성된 회수 시스템을 구축해 폐전자제품을 재활용 처리시설까지 운반해 재자원화하고 있다.

◇ 북미

2008년부터 시행한 미국의 자발적 재활용 프로그램인 SRD(Samsung Recycling Direct)는 50개 주에 941개 회수 거점을 운영 중이며, 캐나다에서는 1,476개 회수 거점을 구축하고 활발한 폐전자제품 회수 활동을 시행하고 있다. 2010년에는 미국 BAN(Basel Action Network)의 e-Steward Enterprise(전자제품 책임재활용 서명 기업)에 최초로 가입했다. BAN은 환경 및 인권 보호를 위한 비영리 단체로 폐전자제품 책임 재활용 검증을 위한 프로그램으로 e-Steward를 개발하였으며 삼성 전자는 BAN과 함께 유해 폐기물의 저개발 국가로의 수출 및 불법 매립을 방지하기 위해 노력 중에 있다. 또한 2012년 8월 미국 EPA 주관으로 자원의 효율적 사용 및 전자 폐기물의 안전한 처리를 위한 자발적 재활용 프로그램 SMM Electronics Challenge (Sustainable Materials Management) Gold Level에 참여하고 있다.

◇ 유럽

삼성전자는 2006년부터 유럽 전역에 폐 전기전자제품의 회수 재활용 시스템을 구축하여 운영하고 있다. 소비자가 국가별 지자체가 운영하는 수거거점에 폐전자제품을 폐기하고, 수거된 폐전자 제품은 삼성전자와 계약된 재활용업체에서 재활용되고 있다. 또한 수거된 폐전기전자제품을 효율적으로 처리하기 위해 제조사협회(Digital Europe) 및 재활용협의체(WEEE Forum 등)와 함께 '폐전자제품 처리 요건'에 관한 표준서 작성에도 적극 참여하고 있다.

◇ 인도

2010년부터 자발적 재활용 프로그램을 도입하여 소형 모바일 제품 회수 거점 235개를 구축하고 대형 가전을 콜센터에 요청하면 직접 방문하여 수거하고 있다. 또한 웹사이트를 통해 소비자에게 재활용 정보를 제공해 누구나 쉽게 폐전자제품을 처리할 수 있도록 돕고 있다.

◇ 호주

2012년 5월부터 호주에서도 TV, PC, 프린터 제품의 재활용 시스템을 구축, 운영하고 있다. 2013년 말 현재, 8개주 140여개 수거거점을 통해 폐제품을 수거하고 있으며, 재활용업체 웹사이트 및 지자체 홍보책자, 전단지 배포 등 다양한 채널을 통해 소비자 대상 홍보를 강화하고 있다.

[그림 9] 글로벌 회수 재활용 시스템 2012년 P.103

◇ 글로벌 회수 재활용 성과

삼성전자는 2013년, 약 35.5만 톤의 폐전자제품을 회수해 재활용 하였다.

〈표 7〉 글로벌 회수 · 재활용량
단위: 톤

구분	2011년	2012년	2013년
아시아	54,233	53,089	67,100
유럽	245,838	230,492	241,260
북미	39,347	41,964	46,239
합계	339,418	325,545	354,599

〈표 8〉 제품·포장재 재활용 현황 (국내)
단위: 톤

구분	2011년	2012년	2013년
제품	51,940	49,677	58,447
포장재	5,045	4,993	4,984

〈표 9〉 제품별 재활용 현황 (국내)

단위: 톤

구분	냉장고	세탁기	Display	기타	계
재활용량	25,510	10,790	16,219	5,928	58,447

〈표 10〉 재자원화 현황* (국내)

단위: 톤

구분	고철	비철	합성수지	유리	기타	폐기물	계
재자원화량	19,005	6,889	12,850	9,677	4,162	5,864	58,447

* 재자원화 수치는 추정치이며 정확한 수치는 2014년 3분기에 확정 예정입니다.

핵심활동 2 / 법령준수

실천활동 : 물류부문에 대한 환경 관련 법규를 준수하기 위한 활동을 하고 있는가?

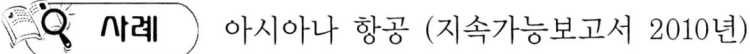
사례) 아시아나 항공 (지속가능보고서 2010년)

■ 환경오염물질 관리

사업공정상 불가피하게 배출되는 환경오염물질은 원천적으로 법규에서 규정한 환경오염물질 배출허용 기준치의 50%를 회사의 배출기준으로 정하여 관리하고 있으며, 실제 배출농도는 최대 측정 농도값을 기준으로 하여 는 최기준치 30%미만으로 유지하도록 엄격하게 관리하고 있다. 수시점검 및 모니터링을 통하여 농도의 변화를 3적으로 살피며, 변동의 폭이 커질 경우 즉각적으로 대응함으로써 2009년에 10년 연속 환경 무사고를 달성하였다.

◇ 대기오염물질 관리
항공기 정비작업 중 발생하는 오염물질에 따라 배출·방지시설을 운영하고 있으며, 이에 대한 모니터링을 주관부서 및 현장부서에서 정기적으로 시행하여 개

· 보수가 필요한 운영시설 파악과 향후 운영계획 수립에 반영하고 있다. 방지 시설은 정상운영 여부를 확인하기 위하여 먼지, THC, 악취 등 배출 오염물질에 대한 정기적인 측정과 크로스 체크를 통하여 측정 자료에 대한 신뢰성을 확보하고 있다.

[그림 10] 대기오염물질 배출량 및 원단위 지수

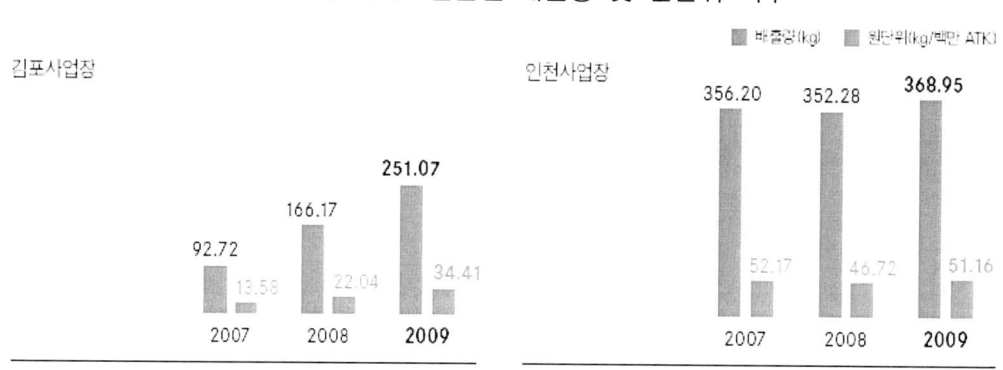

◇ 폐기물 관리

폐기물 발생 시부터 성상별로 관리부서가 적법하게 관리하여 최종적으로 안전하게 처리될 수 있도록 시스템을 구축하였으며, 정기적으로 모니터링하고 있다. 총괄부서에서는 관련 시설물 점검 등 폐기물 2차 환경오염 유발 가능성을 최소화하고자 노력하고 있으며 매년 1회 이상 폐기물 처리업체에 대한 실사를 시행하여 폐기물 적정 처리 여부를 확인하고 폐기물 발생이 최소화될 수 있도록 지속적인 공정 관리를 시행하고 있다.

[그림 11] 폐기물 배출량 및 원단위

■ 항공기 소음관리

항공기에서 발생되는 소음영향을 최소화하기 위하여 항공기 이륙 시 국제민간항공기구(ICAO) 권고기준을 적용하는 등 아시아나에서 운용 중인 항공기는 ICAO 소음기준을 모두 충족하고 있으며, 소음 발생이 최소화될 수 있도록 노력하고 있다.

[그림 12] 소음 등급별 항공기 보유현황

단위: 대

기종 구분	엔진 유형	ICAO기준[1]	소음등급(국내)[2]	2008	2009	2010
B737-400	CFM56-3 B2	Chapter IV	6등급	6	5	3
B767-300S	CF6-80C2-B2F			7	7	7
B767-300F	CF6-80C2-B6F			1	1	1
B777-200ER	PW4090			10	10	10
A320-232	IAE V2527-A5			10	11	11
A321-131	V2530-A5			2	2	2
A321-231	V2533-A5			12	13	13
A330-323	PW4168A			6	8	8
B747-400	CF6-80C2-B1F			13	12	12
Total Number of Aircraft				67	69	67

1) ICAO Chapter IV 기준 충족(제작 기준)
2) 국내 소음등급 분류는 기존 5등급에서 6등급으로 상향 조정(2009년 4월)

인천 및 김포국제공항의 주변 지역 소음영향 파악과 최소화를 위해 소음 측정국을 인천 및 한국 공항공사에서 설치하여 24시간 측정·감시·운영하며, 측정 결과를 당사에 정기적으로 통보하여 관련 내용을 인지하도록 하고 있다.

■ 녹색구매

사내 임직원들에게 녹색구매 의식도를 높이기 위하여 사내 게시판에 현행 관련 법률에 대한 제/개정 현황 및 구매실적, 비용 등을 등재하고 있다. 기내에 사용되는 기자재는 '미연방항공청(FAA)'에서 인증, 허가된 품목만 사용이 가능하기 때문에 항공기 운항에 저해요인이 없는 물품을 대상으로 우선 구매하고 있다. 협력업체를 선정할 때도 녹색구매품목 사용을 원칙으로 하고 있으며, 사용 여부에 따라 업체평가 리스트에 반영하고 있다.

 Maersk Line

■ 해양 환경 보호 정책
머스크는 선박 운항 시 발생하는 해양 생태계 오염을 줄이기 위해 선체 기술 개발 및 해양 환경 보호 정책을 펴고 있다. 운항사고 시 발생할 수 있는 기름 유출을 최소화하기 위해 2003년 이후 건조된 선박에는 선체 내부에 연료 탱크를 탑재하고 사고 발생 시 해양 오염에 즉각적으로 대처할 수 있는 시스템을 가동 중에 있으며 슬러지 탈수 설비 및 필터 도입 등 친환경적인 폐기물 관리 프로그램을 운영하고 있다. 또한, IMO 규정에 따라 해양생명에 무해한 오염 방지 페인트를 사용하고 있으며, 선박 운항 시 중심을 잡기 위해 선체 하부에 싣는 물(밸러스트수 : 배출해역에 타 지역의 해양생물이 유입되어 기존의 토착 해양생물과 미생물을 오염시키는 원인)을 정화하고 방출하는 등 해양 오염을 최소화시키기 위해 노력하고 있다.

 Sharp Electronics Corporation (Sustainability Report 2014년)

■ 환경친화형 수송 추진
샤프 전자는 복합일관운송을 통해 이산화탄소 배출량을 줄이고 있다. 특히, 샤프 미국 법인은 미국 환경청(EPA)에서 주관하는 「Smart way program」에 참여하여 환경 배려형 수송을 추진하고 있다. 2013년에는 출하량(톤킬로) 당 이산화탄소 배출량이 0.2 톤으로, 최근 5년에 비해 4%가 절감된 성과를 거두었다. 이는, 2012년에 비해 물동량이 늘어난 것을 감안하면, 복합일관운송의 비율이 26.3%로 높아진 덕분에 이루어낼 수 있었던 결과라고 할 수 있다.

사례 사가와 큐빈

■ 「Carbon, neutral 인증」취득
2012년 3월에 환경성의 「Carbon, neutral 인증시행사업」에 채택되어 물류업계에서 처음으로 카본뉴트럴 인증을 취득하여 도쿄역 하찌쥬구치 서비스센터(도쿄역), 사조, 고창 서비스센터(동경부), 차카라역전 잇초메 서비스센터(후쿠오카현)에서 인증취득을 추진하였으며 금회 Carbon Neutral인증 (번호 cn004-이 인증유효기간 2014년 3월 21일~ 2015년 3월 20일)을 취득하였다.

핵심활동 3 / 인증제도 활용

실천활동 1. 환경경영시스템(ISO14000시리즈 등)을 구축하고 있고 이에 대한 정기적인 Audit를 실시하고 있는가?

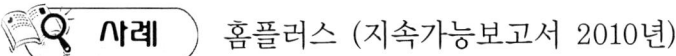 사례   홈플러스 (지속가능보고서 2010년)

홈플러스는 2003년 점포·본사·물류센터 통합 ISO14000 인증을 취득하였으며, 국제적 가이드라인 보다 한층 높은 수준으로 환경경영을 실천하고 있다.

[그림 14] ISO14000 인증

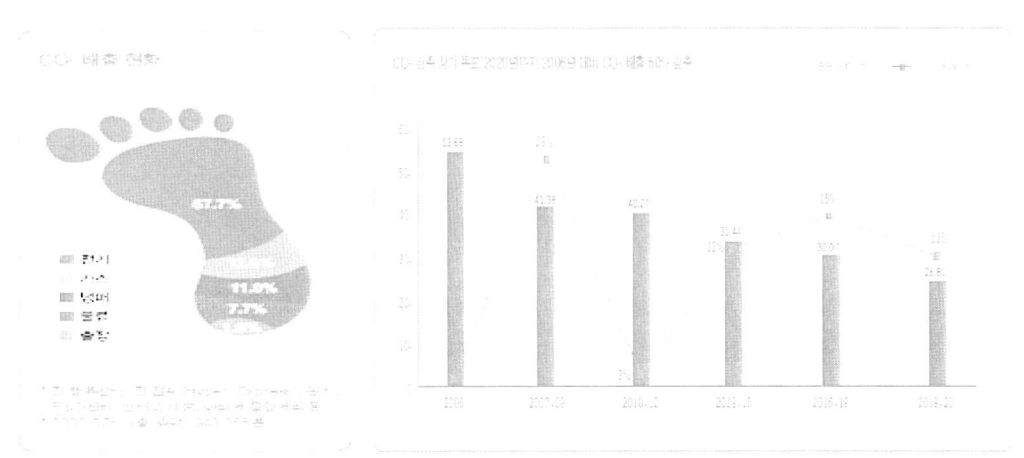

장기적 관점에서 지구온난화 등 기후변화에 대응하기 위해 2012년까지 물류관련 case당 CO_2 배출 50% 감축, 2020년까지 전사 단위 면적당 CO_2 배출 50% 감축

이라는 획기적인 목표를 설정하고, 업계 최초로 탄소 배출 저감을 위한 핵심 프로세스인 'Homeplus Direct Carbon Footprint Tool(홈플러스 탄소발자국)'을 구축하여 전기·가스·냉매·물류·출장의 5개 영역에 대해 전사적인 탄소배출량을 측정, 관리하고 있다. 특히, 임직원들의 출장에 대한 정확한 탄소배출량 측정을 위해 교통수단별로 세분화한 계정과목 도입을 통해 환경회계시스템을 구축하였다. 이를 통해 2008년에는 단위 면적당 전년 대비 CO_2 발생량을 13.0% 감축하였다.

홈플러스는 환경경영 현황을 지속적으로 측정·검토하고 보완해 나가기 위해 전사적 경영관리 시스템인 'Steering Wheel 목표관리시스템' 내에 환경경영 KPI(Key Performance Indicator)를 적용하고 분기별로 환경경영 실적을 평가하고 있다. 이를 위해 에너지 관련 업무를 총괄하는 임원을 Owner로 선정하고, 기존의 시설관리팀을 친환경 시설서비스팀으로 개편하여 CO_2와 에너지 관리를 위한 조직을 강화하였으며, 점포별로는 실질적인 에너지 관리를 담당하는 에너지 체커(Energy Checher)와 에너지 절감 중요성을 교육하는 에너지 챔피언(Energy Champion)을 두고 있다.

[그림 15] Green Auditing

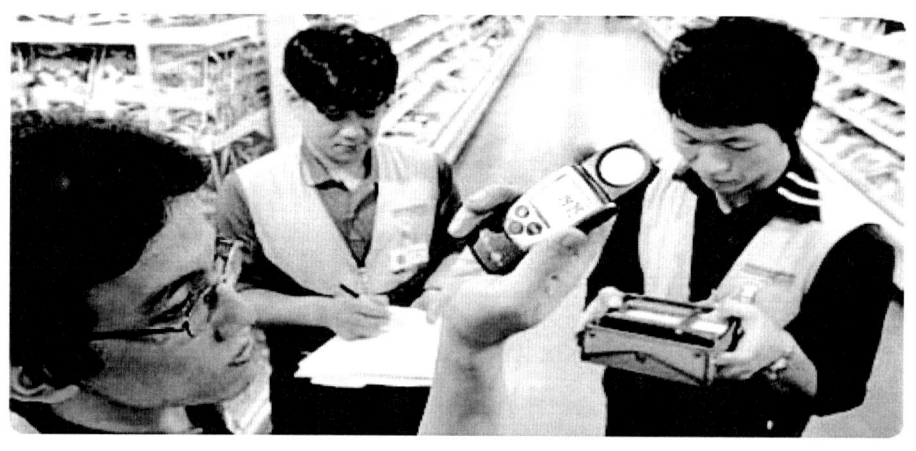

또한, 시설 안전센터에서 24시간 내내 15분 단위로 실시하는 에너지 모니터링, 연 450회의 점포 에너지 Audit 및 종합평가, 에너지 매뉴얼에 의한 33개 주요 관리항목의 점포 일일점검 등을 통해 에너지 운영 및 관리를 강화하는 'Green

Auditing'을 실시하고 있다. 뿐만 아니라 업계 유일의 전담조직인 상품품질관리센터를 통해 협력회사에 대한 환경교육은 물론 위생·안전·품질 평가를 연간 300회 이상 실시하고 있다. 이러한 노력들로 홈플러스는 지난 2003년 점포·본사·물류센터 통합 ISO 14000 인증을 취득하였으며, 국제적 가이드라인보다 한층 높은 수준으로 환경경영을 실천하고 있다.

[그림 16] 환경경영 로드맵

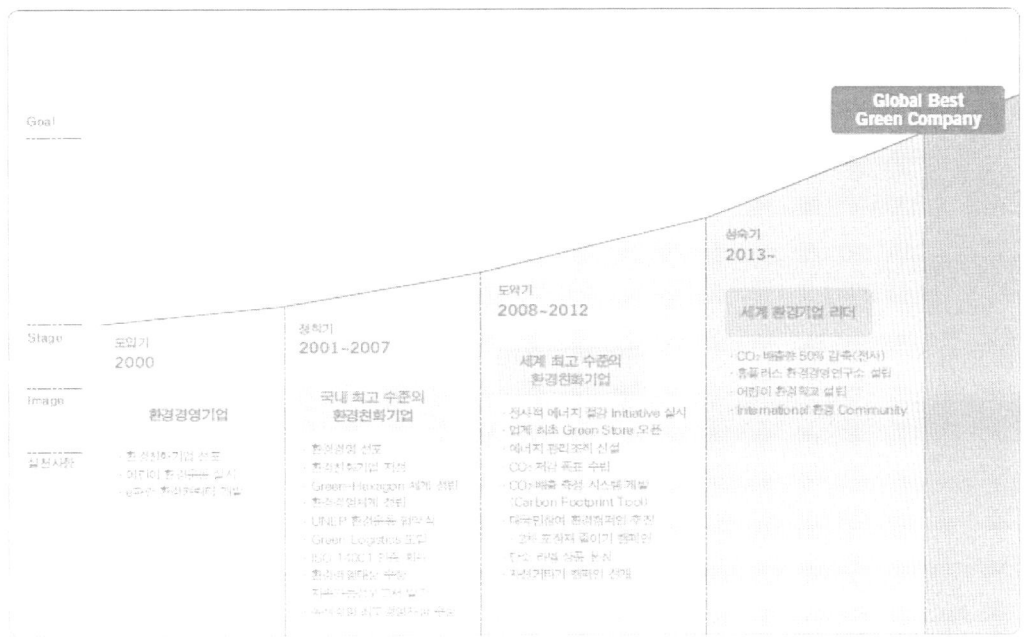

사례   대우조선해양 (지속가능보고서 2010년)

■ 친환경인증

국제 환경경영체제(ISO14001), 안전보건경영체제(OHSAS18001)를 도입하고, 이를 기반으로 회사에 적합한 시스템을 구축하여 외부기관의 인증을 획득했다. 또한, 전 조직뿐만 아니라 각 협력사에도 HSE Key Person을 두어 연간 목표에 대한 분기별 평가에 참여토록 하고 있으며, 환경·안전 경영체제의 유효성과 이행 상태의 적합성을 확인하기 위해 반기별로 인증 발급기관의 정기 감사를 받고 있다.

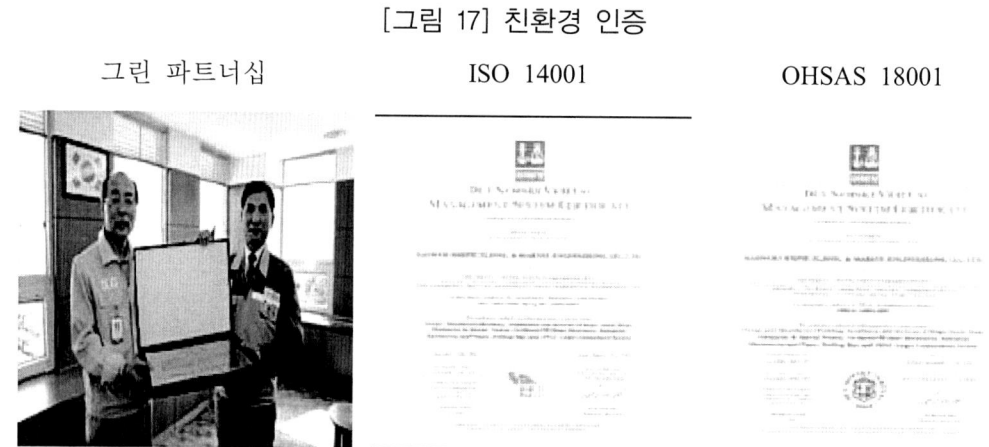

[그림 17] 친환경 인증

그린 파트너십 ISO 14001 OHSAS 18001

■ 기후변화 대응

대우조선해양은 인류가 직면한 가장 큰 이슈인 지구온난화에 적극적으로 대응해 나가고자 3단계의 기후변화협약 대응 마스터 플랜을 수립하여 실행하고 있다.

[그림 18] 기후변화 협약대응 당사 마스터 플랜

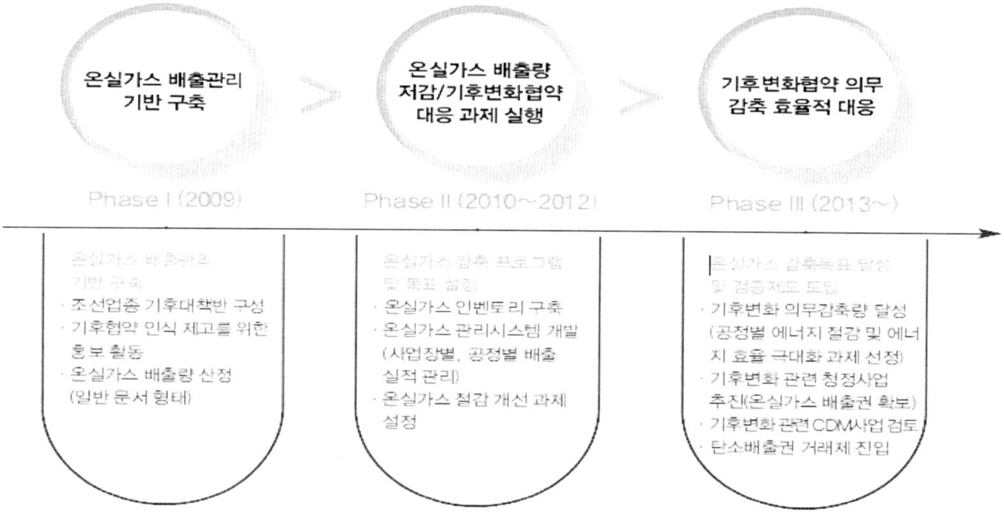

■ 온실가스 인벤토리 구축 및 검증

대우조선해양은 ISO14064, IPCC Guideline, WRI GHG Protocol에 의거하여 온실가스 배출량을 산정하였으며, 신뢰성 확보를 위해 제3자 검증을 완료하였다.

<표 11> 온실가스 배출량 산정 온실가스 인벤토리구축 및 검증

공간적 범위	대우조선해양(주) 옥포조선소(서울사무소, 자회사 등은 제외)
시간적 범위	2008년, 2009년
온실가스 범위	교토의정서 규정 6대 온실가스(CO_2, CH_4, N_2O, HFCs, SF_6)
검증기관	한국표준협회

[그림 19] 온실가스 인벤토리 구축 인증서

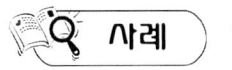 한진해운 (지속가능보고서 2013년)

■ 환경경영 체계

한진해운은 수송과 물류 부문에 대한 환경경영체계(ISO 14001 인증)를 구축하였다. 보다 효과적인 환경경영을 위해 환경방침을 정하고 매년 환경목표와 추진계획을 수립하여, 이를 성실히 이행하고 있으며, 결과를 반기 단위로 평가하여 해상운송 서비스로 인해 발생하는 환경영향을 최소화하기 위해 노력하고 있다. 동시에 업무 진행에 대한 환경·안전·품질(Safety, Health, Environment, Quality) 방침을 수립하여 기본 행동지침으로 삼고 있다.

〈표 12〉 환경 · 안전 · 품질 인증 현황

구분	내용	취득일
ISO 9001/14001	국제표준화기구(ISO: International Organization for Standardization)가 제정한 품질경영/환경경영 시스템 인증 국제 규격	2012.10.07 / 2012.10.08
ISO 27001	정보보호체계 (ISMS: Information Security Management System)분야	2012.07.19
ISM CODE ISM(International Safety Management)	국제해사기구(IMO)에서 제정한 국제 안전관리 규격으로 회사의 안전경영 체제가 선박의 안전운항과 오염방지 업무수행에 적합하다는 것을 보증. 회사가 관리중인 선박 국적별, 해당 선종에 대해 각국 정부에서 증서 발행.	2010.04. 13 (Marshall Island) 2010.08.24 (Panama) 2011.10.26 (Korea) 2012.01.26 (Isle of Man)
IMPCAS (International Marine Packed Cargo Audit Scheme)	CDI(Chemical Distribution Institute)에서 해상 포장 위험화물을 운반하는 회사 및 선박에 대한 안전운송 적합성을 심사/평가하여 IMPCAS 요건에 충족될 경우 증서 발행	2012.02.01
OHSAS 18001 (Occupational Health and Safety Management System)	직장 안전보건 경영시스템으로 조직이 자율적으로 산업 재해를 예방하기 위해 위험요인을 파악하고 지속적으로 관리하기 위한 최소한의 요구사항을 정한 규격	2012.05.12

 유한킴벌리

■ 사업장, 녹색기업인증 획득

김천, 대전, 충주에 위치한 유한킴벌리 생산 공장들은 환경·보건·안전·통합시스템에 의해 운영되고 있으며 환경경영체제 인증인 ISO14001을 획득했다. 2013년 11월 충주공장이 환경부로부터 녹색기업으로 지정을 받음에 따라 모든 생산 공장이 녹색기업인증을 획득하였다.

> **사례** 삼성전자 (지속가능경영보고서 2014년)

■ 녹색경영 시스템

삼성전자는 글로벌 녹색경영시스템(G-EHS : Global Environment, Health & Safety System)을 통해 온실가스 감축, 제품 환경 규제 대응, 환경안전 사고예방 목표 및 성과 관리 등 환경안전 정보를 통합적으로 관리하고 있다.

[그림 20] G-EHS System P.ENV09

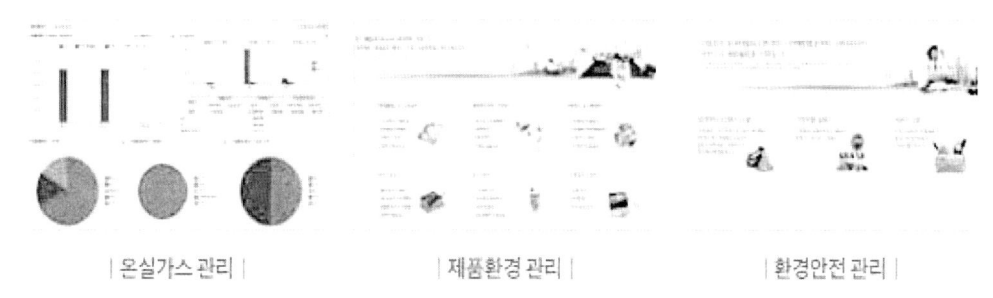

| 온실가스 관리 | | 제품환경 관리 | | 환경안전 관리 |

◇ 환경비용 관리

삼성전자는 녹색경영시스템인 G-EHS를 통해 삼성전자의 환경설비 투자, 전력 사용비 등의 환경비용을 통합적으로 관리하고 있으며 객관적 비용 정보를 활용해 기업 내부의 합리적인 녹색경영 의사결정에 활용하고 있다. 각 사업장의 환경부서는 환경 설비투자 및 운영비를 관리하며, 환경 안전센터는 사업장별 비용을 매년 집계, 취합하여 전사 비용을 산정한다. 사업장별 환경비용은 환경부 가이드라인을 기준으로 집계하며, 이해관계자가 요청할 시 공개하고 있으며 각 사업장의 환경비용은 전사 경영계획 수립 프로세스를 기준으로 편성 및 집행된다.

<표 13> 사업장 친환경 투자 P.ENV09

(단위: 억원)

항목	내용	2011년	2012년	2013년
사업장시설 투자비용	사업장 대기, 수질, 폐기물 오염 방지설비 등 투자 비용	3,607	2,309	2,599
사업장 운영비용	환경오염 방지설비 운영에 소요되는 비용과 기타 경비	3,423	2,606	3,221
합계	-	7,030	4,915	5,820

* 2011년 수치는 LCD사업부 포함, 2012년 수치는 LCD사업부가 삼성디스플레이로 분사됨에 따라 LCD사업부를 제외한 값입니다.

◇ 내외부 환경감사

삼성전자는 녹색경영 운영 현황을 파악하고 문제점을 개선하기 위해 지속적으로 내외부 환경감사를 시행하고 있다. 매년 글로벌 사업장을 대상으로 제품 유해물질 및 에너지 관리 현황 점검 등의 내부 감사를 시행하며, 공급망 환경경영 성과 평가인 에코파트너 인증 제도를 운영하고 있다. 또한, 해외사업장 신규 설립 및 증축 시 기준에 따라 환경안전 시설 및 인프라를 점검하고 글로벌 사업장 환경경영시스템 인증(ISO14001) 및 안전보건경영시스템 인증(OHSAS18001) 유지를 위해 매년 정기적으로 제 3자 검증을 받고 있다.

핵심활동 4   환경부하 파악 및 감축활동

실천활동 [1] 물류활동에 의해 발생하는 폐기물 감축을 위한 3R (Reduce, Reuse, Recycle) 활동을 하고 있는가?

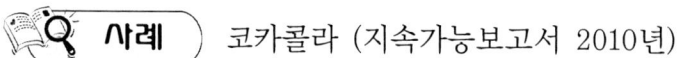
사례   코카콜라 (지속가능보고서 2010년)

■ 코카-콜라의 친환경 패키지와 재활용

코카-콜라는 전 세계적으로 2015년까지 2008년 기준 포장 용기 재질 효율성을

7% 높이고 PET용기에 사용되는 플라스틱의 25%를 재활용 물질로 사용한다는 목표를 가지고 있다. 정부의 재활용 및 재사용 정책에도 적극 협력하여 코카-콜라의 2009년 유리병 제품의 수거 실적은 98.7%로 정부 기준치를 훨씬 웃돌고 있으며 재활용 분담금으로 매년 25억 원 이상을 납부하여 재활용 촉진에 기여하고 있다.

◇ 폐기물 관리

코카-콜라는 폐기물 관리 작업표준지침을 통해 폐기물의 발생 단계부터 최종 처리까지 체계적으로 관리하고 있다. 즉, 폐기물 위탁 처리 업체와 재활용 업체가 코카-콜라의 '협력 업체 관리 작업 표준서'에 의거하여 지속적인 폐기물 관리를 실시하고 있다. 이와 더불어 각 사업장 내에서 폐기물 발생량 감소 및 재활용률 향상을 위한 다양한 활동을 지속적으로 추진하고 있으며, 분리 배출 확대 유도, 신규 환경 시설 도입 및 관리 환경 향상을 통해 효율적인 폐기물 관리와 재활용률을 높이기 위해 노력하고 있다. 코카-콜라의 사업장에서 발생되는 대부분의 폐기물은 폐수 슬러지 및 재사용 유리병 파쇄로 인해 발생 되는 폐유리로 파악되고 있다.

효과적인 폐기물 감량 및 재활용 성과를 얻기 위해서는 이 두 가지 항목에 대한 집중적인 관리가 필요하다. 대부분의 폐수 슬러지는 생산 공정 중 폐수 처리 과정에서 생성되므로 생산 공정에서부터 폐수 발생을 원천적으로 줄이는 것이 폐수 슬러지 저감을 위한 1차적인 대책이다. 아울러 합리적인 폐수처리 공정 운영 및 슬러지 탈수율 향상을 통해 폐수 슬러지 발생량을 줄이는 방안을 찾아야 한다. 광주공장의 경우, 폐수 슬러지의 처리 방식을 해양 배출에서 건조를 통한 재활용으로 변경해 연말 폐기물 재활용 지수를 82%까지 끌어올렸다. 이는 연초에 비해 17% 향상된 수치이다. 한편, 대부분의 폐유리는 회수된 유리병 중 오염 및 파손으로 인해 재사용이 어려운 병들을 폐기하는 과정에서 발생 되는데, 병의 재사용 여부는 각 사업장이 품질 관리에 영향을 주지 않는 선에서 최선의 방안을 찾고자 더욱 노력하고 있다.

[그림 21] 전체 폐기물 발생량

(단위 : 톤)

	여주	양산	광주	총계
2007년	4,677	2,110	2,057	8,844
2008년	6,925	2,925	2,646	12,496
2009년	6,135	2,531	2,381	11,047

2007 2008 2009
전체 폐기물 발생량(톤)

[그림 21] 폐기물 재활용률

(단위 : %)

	여주	양산	광주	총계
2007년	42	43	51	44
2008년	59	94	65	69
2009년	64	97	82	76

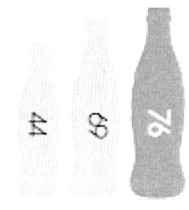

2007 2008 2009
폐기물 재활용률(%)

[그림 23] 슬러지 발생량

(단위 : 톤)

	여주	양산	광주	총계
2007년	2,603	1,097	976	4,676
2008년	2,728	846	909	4,483
2009년	3,031	710	783	4,524

2007 2008 2009
슬러지 발생량(톤)

◇ 폐기물 감량 자발적 협약

코카-콜라는 사업장 폐기물 발생을 원천적으로 줄이고 폐기물 감량과 재활용을 보다 적극적으로 실천하기 위해 2007년 11월에 한국환경자원공사와 '폐기물 감량 자발적 협약'을 체결하였다. 폐기물 감량 자발적 협약은 자원을 소비하는 기업과 공공 부문이 상호 신뢰를 바탕으로 폐기물 감량 목표를 달성하기 위한 협약으로, 기업은 내부 실정에 맞는 목표를 설정해 이행하고 공사는 기업의 목표 이행을 위한 정보를 제공하여 기업의 노력을 지원하는 비규제적 제도이다. 코카-

콜라는 이같은 제도에 적극적으로 참여하는 한편 다양한 자체 노력을 기울인 결과, 2008년에 비해 2009년 폐기물 발생량이 3.5% 줄었다.

[그림 24] 협약기간 동안 폐기물 원단위 추이

(단위 : g/ℓ)

	여주	양산	광주	총계
2006년	19.97	18.59	21.13	19.09
2007년	17.98	15.41	24.21	18.35
2008년	23.26	20.24	28.66	23.33
2009년	19.49	16.93	25.78	19.83

※ 기준년도(2006년) 대비 원단위 감량률(%) =
   (1 - 대상년도 생산량 원단위 발생량/기준년도 생산량 원단위 발생량)×100
※ 생산량 원단위 발생량 : 폐기물 발생량/제품 총 생산량

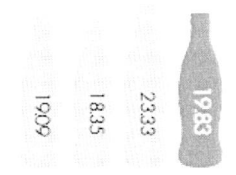

[그림 25] 세빙기

[그림 26] 파유리 보관장

◇ 페트병 재질·구조개선 자발적 협약

코카-콜라는 2009년 4월에 한국 페트병 자원순환협회와 페트병 재질 및 구조 개

선을 위한 자발적 협약을 체결하였다. 음료 포장용기로 많이 사용되고 있는 페트병은 사용이 편리하고 인체에 해가 없어 출고량이 꾸준히 증가하고 있으나, 재질과 색상, 라벨, 마개 등이 다양해 재활용에 한계가 있다. 이는 재활용 비용 상승 및 재활용 제품의 품질 저하로 이어져 고부가가치 창출을 어렵게 하고 재활용 산업 경쟁력을 악화시키고 있다. 이에 코카-콜라는 스프라이트 500ml, 1500ml 제품의 페트병 색상을 파란색에서 녹색으로 바꾸고 페트병 감량화를 실현해 녹색성장 및 재활용 산업 발전에 적극적으로 기여하고 있다.

[그림 27] 페트병 재질 및 구조개선

제품명	스프라이트	
개선 일시	2009년 12월	
용량	500mℓ, 1500mℓ	
	개선 전	개선 후
	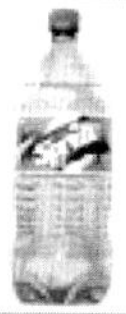	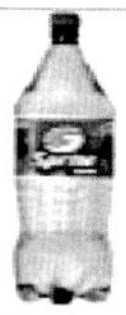
중량(500mℓ)	32.13g	31.57g
중량(1500mℓ)	50.45g	47.17g

[그림 28] 페트병 재질 및 구조 개선을 위한 자발적 협약서

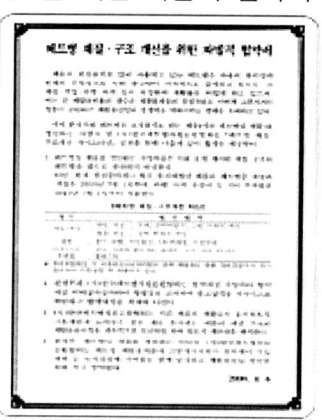

◇ 코카-콜라는 재활용 및 재사용 촉진을 통해 정부의 녹색성장 정책에 적극 협력하고 있다. 코카-콜라는 사용된 용기의 회수와 재사용을 촉진하기 위해 반복 사용이 가능한 제품 가격에 보증금을 추가하여 판매한 뒤 소비자가 빈용기를 반환하는 시점에 보증금을 돌려주는 제도인 빈용기 보증금 제도에 적극 협력하고 있다. 2008년 3월 18일에는 (사)한국용기순환협회에 가입함으로써 협회와 협조체계를 구축하여 관련된 업무를 수행하고 있다. 코카-콜라와 킨사이다, 환타 등 병제품(190, 200, 350, 355ml)의 2009년 반환실적은 98.7%이다. 코카-콜라는 페트병, 금속캔, 유리병 형태의 포장용기와 2차 포장에 사용되는 단일재질필름의 재활용 시스템 운영을 위해 4개 재활용 공제 조합에 가입하여 활발한 활동을 하고 있으며, 2009년에 재활용 분담금으로 약 26억 원을 납부해 재활용 공제 조합 운영에

기여하고 있다.

[그림 29] 코카-콜라 음료(주) 재활용 분담금 납부 현황

(단위 : 백만 원)

	금액
2007년	2,925
2008년	2,067
2009년	2,642

 삼성전자 (지속가능경영보고서2014년)

■ 재생플라스틱 적용 확대

2013년 삼성전자는 제품에 사용하는 플라스틱 사용량 중 재생 플라스틱 사용비율을 3.4%까지 확대하였으며 2015년까지 5%로 늘릴 계획이다. 재생 플라스틱은 대부분 냉장고, 세탁기, 에어컨 등 가전제품의 내장 부품에 적용하고 있으며, 휴대폰, 모니터 및 외관 부품에도 일부 적용하고 있다. 2011년 34.6%의 재생 플라스틱을 사용한 휴대폰 '리플레니시'는 미국 안전규격기관인 UL로부터 친환경제품 인증의 최고 등급인 플레티넘 등급을 받았다. 2012년에는 80%의 재생 플라스틱을 적용한 '메릴린'을 출시했으며, 2013년에는 갤럭시 노트3의 충전기에 20%의 재생 플라스틱을 적용하며 자원절약을 위해 노력하고 있다. 앞으로도 삼성전자는 TV, 모니터·노트북 어댑터 등 재생 플라스틱 적용 제품군을 확대해 나갈 계획이다.

〈표 14〉 재생플라스틱 사용량

구분	2011년	2012년	2013년
재생플라스틱(톤)	12,519	15,467	19,403
적용률*(%)	2.26	3.12	3.36

* 적용률(%) : 총 플라스틱 사용량 대비 재생 플라스틱 사용량

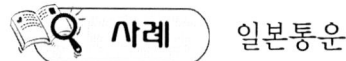 일본통운

■ 폐기물삭감 및 3R추진

지금까지, 일봉통운은 폐기화물, 해외인수용 포장재를 철저하게 분리하여 단일소재(자원)로서 업자에게 건네 재상품화하여 받아 재생자재로 이용하고 있으며 사용완료 재생자재는 몇 번 재생시스템에 의해 순환시킬 수 있다. 이와 같은 활동들을 확대하는 동시에 폐기물과 CO_2배출량을 삭감시키기 위한 노력을 진행 중에 있다.

실천활동 [2] 물류활동에 의해 발생하는 환경부하 항목을 파악하고 있는가?

 DHL (Corporate Responsibility Report 2009/10)

■ 탄소중립 Go Green 상품

탄소중립 운송서비스를 제공하는 첫 물류회사인 DHL은 탄소중립 Go Green 상품을 개발하였다. 고객의 물품을 운송 또는 하역하는 과정에서 발생하는 이산화탄소 배출을 측정하는 것으로 기후보호 프로젝트를 통해 확보한 탄소배출권과 상쇄하는 옵션상품이다. 2005년 처음으로 시도되어 2009년 26개국에 서비스되고 있으며, 2009년에는 7백만 건에서 발생한 이산화탄소 38,500톤을 고객을 위하여 상쇄하였다. 자료는 검증기관인 SGS(Société Générale de Surveillance)에서 검증한다. GoGreen 상품의 작업 1단계는 고객이 국제택배이용 시 GoGreen 옵션상품하면 접수 시 고객에게 GoGreen 스티커를 발급하여 물품에 부착한다. 2단계는 배송이 완료된 후 운송과 관련하여 발생한 탄소배출량을 산출하여 내부 탄소관리시스템에 탄소크레딧을 생성하여 둔다. 3단계로 GoGreen 관리시스템에서 고객의 크레딧과 상쇄하며, 마지막으로 GoGreen 관리시스템은 정기적으로 제3자에 의하여 검증받는다.

[그림 30] GoGreen 상품이용 가능지역 　　　[그림 31] 환경보호프로젝트 추진 지역

■ CFA(Carbon Footprint Assessment) 도입 (국토교통부 자료, DHL출처)

2008년 말 이산화탄소발생량 측정 프로그램인 「CFA(Carbon Footprint Assessment)」를 도입하고, 주로 온실가스프로토콜(GHG Protocol), 유럽연합 배출권 거래제(EU-ETS: European Union Emission Trading Scheme) 그리고 ISO 14064에 근거하여 이산화탄소 배출량을 측정하고 이렇게 측정한 2009년도 측정치를 기준으로 중장기 이산화탄소 발생량 효율성 목표를 세우고 있다. <표 17. 연도별 효과비교>와 같이 지속적으로 성과를 보이고 있으며 2013년 이미 목표의 50%를 달성하였다. 2010년부터 2012년까지 해마다 육로운송의 수송량은 증가하였으나 이와 반대로 탄소 배출량은 계속 감소하였는데 이는 지속적인 CFA 모니터링을 통해 상황에 맞는 다양한 방법들을 시행한 결과라고 할 수 있다.

<표 15> 연도별 효과비교

목표 대비 연도별 효과	전년도 대비 연도별 효과
2010년 목표대비 105% 달성	2009년 대비 2010년 10% 개선
2011년 목표대비 112% 달성	2010년 대비 2011년 11% 개선
2012년 목표대비 116% 달성	2011년 대비 2012년 7% 개선
총 투자 규모 약 9,500만원	

사례 LG생활건강 (지속가능보고서 2009년)

원료 채취, 제품 생산, 사용, 폐기에 이르는 제품 전과정에서 환경성개선에 중점을 두고 오염물질 저감, 에너지 절감, 폐기물 감소, 자원 효율성 제고, 재활용성 증대 등의 노력을 기울이고 있다. 에코서트 인증, 탄소성적표지, 환경마크 등 다수의 인증 획득을 통해 각종 환경 기준에 적합한 제품을 공급하여 정부의 관련 정책에 적극적으로 동참하고, 인증 품목 수를 점차 확대해 제품의 친환경 이미지를 강화해 나가고 있다.

■ 에코서트 인증

[그림 32] 에코서트 인증 제품

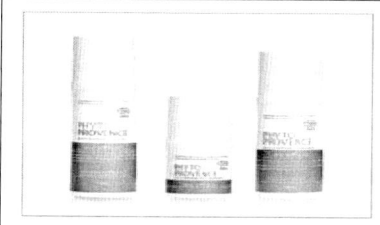

비욘드 피토 프로방스 라인 에코 리페어 3종(에센스 40ml, 크림 50ml, 아이세럼 15ml)은 프랑스 유기농 인증기관인 에코서트로부터 인증을 받았다. 95%이상 천연성분 함유, 10%이상 유기농 성분 함유, 지정된 화학성분 사용 금지가 에코서트 인증의 기준이다.

■ 탄소성적표지

탄소성적표지는 제품의 생산, 수송, 사용, 폐기 등 모든 과정에서 발생 되는 온실가스 발생량을 CO_2 배출량으로 환산하여 라벨 형태로 제품에 부착하는 것을 말한다. 인증은 탄소배출량 인증과 저탄소 상품 인증으로 구분된다. LG생활건강은 제품 생산 및 사용, 폐기에 따른 지구온난화의 영향을 줄이고 기후변화에 대응하며 녹색제품을 소비자들이 선택할 수 있도록 환경부의 탄소성적표지제도를 도입하여, 2009년 '엘라스틴 데미지 샴푸'에 대한 산소성적표지를 인증 받았다. 해당 제품 인증으로 샴푸 제품의 전과정에 대한 프로세스를 정립하였으며, 온실가스 산정을 위한 사내 기준을 마련함으로써 다른 제품에 확대 적용할 수 있는 기반을 마련하였다. 향후 샴푸 제품에 대한 추가 인증을 추진하고 주방세제, 세탁세제 제품으로 인증 품목을 확대해 나갈 계획에 있다.

■ 환경마크

지구환경 보전과 보다 안전한 제품 공급을 위하여 인체와 환경에 무해한 원료의 사용, 재활용이 용이한 재질과 재생 포장재 사용, 기타 환경오염 유발 요인 최소화 등에 초점을 맞추어 상품의 환경성을 지속적으로 개선 하고 있다. 특히, 하천 수질에 영향을 끼칠 수 있는 제품인 세탁 세제, 주방용 세제, 다목적 세정제 및 섬유유연제 등에 대해서는 정부에서 정하는 제품별 환경기준을 준수하여 환경마크를 인증 받고 있다.

[그림 33] 환경마크 인증 제품 사례

제품명	용도	인증기준
빌려쓰는 지구 - 주방세제, 액체세탁세제, 섬유유연제, 주거세제, 분말세탁세제	다목적 세정제	수질오염 저감 및 친환경 설계, 포장 등*
자연퐁 쌀뜨물	과일·야채·주방용품 세척제	수질오염 저감 및 친환경 설계
세이프 발아현미	과일·야채·주방용품 세척제	수질오염 저감 및 친환경 설계
퐁퐁/센스	식기류용 세척제	수질오염 저감 및 친환경 설계
한스푼	세탁용 분말세제	수질오염 저감
테크 간편시트	세탁용 시트세제	수질오염 저감 및 친환경 포장재

실천활동 [3] 물류거점의 주변 주민과 의사소통하여 이를 환경부하 (소음, 진동, 쓰레기 등)의 경감 활동에 반영하고 있는가?

 사례   삼성전자 (지속가능경영보고서 2010년)

■ 친환경 캠페인·파트너쉽

삼성전자는 다양한 환경 프로그램 및 NGO, 환경기관과의 파트너쉽을 통해 그린 커뮤니케이션의 범위를 확대하고 있다.

◇ 지역사회 녹색화 프로그램

[그림 34] 지역사회 녹색화 프로그램

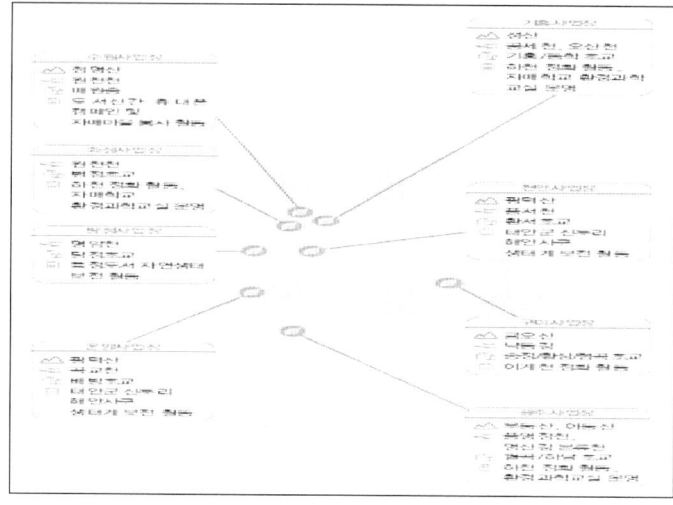

삼성전자는 생물다양성 보존 및 지역사회의 환경 의식 고취를 위하여 지역사회 녹색화 프로그램을 전개하고 있다. 각 사업장에서 인근 자매학교와 '1산 1하천 갖기 운동'을 전개하여 하천 정화 활동을 펼치고, 자매학교에 생물다양성 보존교실을 운영하는 등 어린이 환경 교육에도 앞장서고 있다.

[그림 35] 세계 물의 날 행사

삼성전자는 매년 '세계 물의 날'에 하천 환경 정화 활동을 펼치고 있다. 2010년 물의 날(3월 22일)에는 삼성전자 임직원과 지역 주민이 참여하여 경기도 화성시 오산천 일대에서 '생활을 위한 물(Water for Life)' 하천 환경 정화 활동을 벌이고 분해효소를 섞은 흙공을 던지는 행사를 가졌다.

이와 같은 행사는 중국 천진 소재 삼성전자 12개 법인에서도 시행되었다. 천진삼성은 위진 하천을 대상으로 환경정화 및 환경보호 시설을 기증하고 법인별 할당 지역에 새집 달아주기 행사도 시행하고 있다. 또한 시민을 대상으로 중국 본사의 녹색경영을 홍보하는 기념품 및 재활용비누를 제작하여 천진시민들과 친환경 의식을 공유하는 캠페인을 전개하였다.

■ 지역사회 소통 강화

삼성전자는 2013년 4월 화성사업장 인근 지역사회와 기업의 상호 발전을 위한 건설적인 토론이 이루어질 수 있도록 소통기구인 '삼성전자·화성 소통협의회'(이하 소통협의회)를 구성했다. 또한, 사업장 배출 물질에 대한 정보 공유를 요구하는 주민들의 의견을 수렴해 2014년 1월 화성사업장 주변 3개소에 '환경정보전광판'을 설치하여 대기 3종(염화수소, 질소산화물, 불소화합물), 수질 5종(수소이온농도, 화학적 산소요구량, 부유물질, 총질소, 총인), 소음 등 9개의 환경관련 정보를 실시간으로 제공하고 있다. 삼성전자는 주민을 대표하는 소통협의회 주민 측 위원과 함께 주민설명회를 통해 약속했던 사업장 안전 대책들의 진행사항을 확인하고 지속적으로 개선해나가는 활동을 펼쳐나가고 있다.

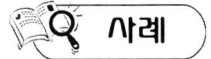 유한킴벌리 (지속가능보고서 2014년)

■ 재활용 기저귀 수거 시범운영

유한킴벌리는 서울시 노원구와 협력하여 기저귀 분리 배출 및 수거 시스템 개발을 위한 기저귀 수거 시범운영을 2014년 3월 19일부터 4월 30일까지 실시했습니다.

[그림 36] 기저귀 재활용 프로세스

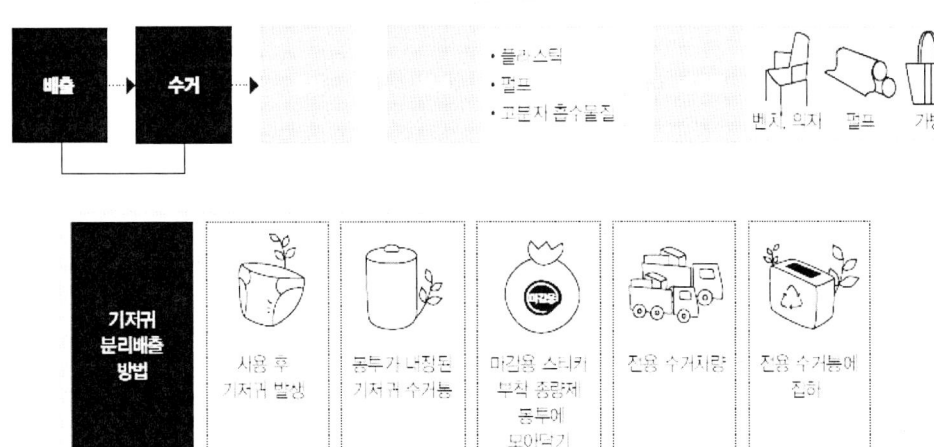

* 기저귀 재활용 프로세스는 해외 사례를 참고한 것으로 유한킴벌리는 현재 수거단계와 재활용 공정에 대해 시범사업 및 연구를 진행하고 있다.

노원구는 기저귀 수거 시범운영 참여 기관을 선정하였으며, 수거 시범사업의 전반적인 기획과 운영은 유한킴벌리가 주관했다. 시범사업에 참여한 어린이집 80여 곳과 가정집 50여 곳에서 사용된 기저귀는 종량제 봉투에 담겨 전용수거차량에 의해 정기적으로 수거되었으며 모니터링 결과를 통해 배출용 봉투의 규격 다양화 등에 대한 의견을 수렴하였다.

실천활동 [4] 수송수단의 대기오염 방지 및 경감을 위해 노력하고 있는가?

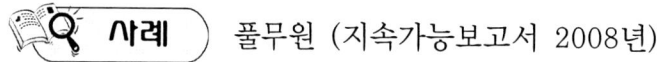 사례) 풀무원 (지속가능보고서 2008년)

제품의 온도관리가 중요한 신선식품을 효율적이고 환경친화적으로 수송하기 위해 물류부문에서는 차량의 효율적인 관리, 물류 생산성 향상 등에 노력하고 있다. 이를 위해 콜드체인 시스템, 웹기반의 온도모니터링 시스템, 효율적인 재고 및 입출고 관리 시스템, 차량 위치 및 온도 자동추적 시스템을 활성화 하고 있다. 또한 수도권 거주 화물차량은 수도권 대기오염 저감을 위해 배기가스 저감장치를 장착하였다.

[그림 37] 웹기반의 온도 모니터링 시스템   [그림 38] 차량 위치 및 자동추적 시스템

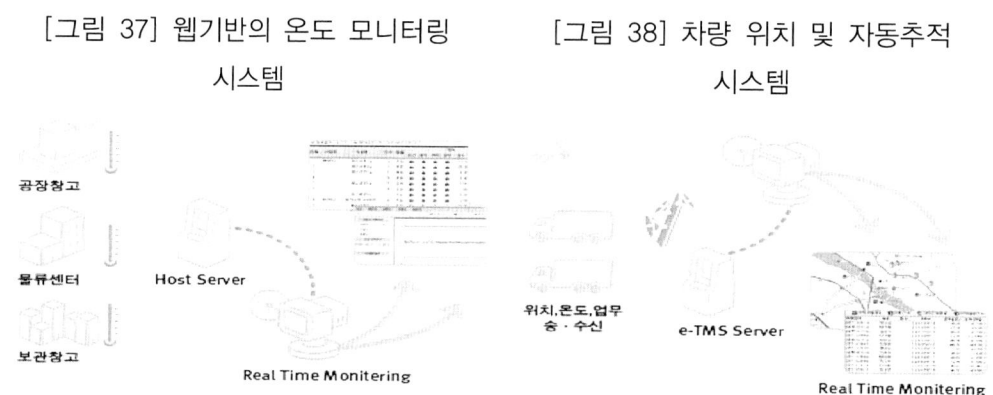

 한진해운

■ 환경 비상대응
한진해운은 환경사고를 미연에 방지하기 위하여 제반 환경사고의 잠재적인 위험성을 분석하여 사고예방에 주력하고 있으며 현장실무 부서에서는 정기적인 현장점검을 실시하고, 각 선박의 담당자를 지정하여 운영하고 있다.

◇ 사고예방활동
환경사고를 미연에 방지하기 위하여 제반 환경사고의 잠재적인 위험성을 분석하여 사고예방에 주력하고 있으며 현장실무 부서에게는 정기적인 현장점검을 실시하고, 각 선박의 담당자를 지정하여 운영하고 있다. 또한 선박에서는 환경오염방지 설비의 고장으로 인하여 발생할 수 있는 오염물질 배출을 예방하기 위하여 기기에 대한 집중점검, 관리를 하는 한편 육상의 전문가들이 시설의 유지상태를 정기 점검하여 환경사고 발생의 원천 봉쇄를 위하여 주의를 기울이고 있다. 사고발생 시 신속한 조치를 위해서 사고유형별 시나리오를 작성하여 전 선박이 매월 1회 비상사태 대응훈련을 실시하고 있으며, 선장, 기관장이 참관하는 가운데 선대 팀별로 1년에 1회 주기로 선박과 육상간의 비상대응 합동훈련을 실시하고, 훈련 후에는 결과를 종합적으로 분석, 문제점을 보완하여 차기 훈련에 이를 반영함으로써 비상사태 대비 및 대응체계의 내실화를 도모하고 있다.

◇ 실시간 선박위치 추적 시스템 FMS(Fleet Management System)
기상 정보와 실시간 선박 위치를 연계하여 한눈에 전 세계 선박들의 운항 상황 파악이 가능하며 실시간으로 파악된 선박의 위치와 예상 항로의 해상 예보 시뮬레이션을 토대로, 최적의 항로를 선정하고 예상되는 기상 리스크를 조기에 발견할 수 있다. 인공위성을 이용한 선박의 위치추적을 통해 항해구간 위험요인의 사전감지, 선박의 위치, 속도, 침로 등 선박의 운항상황을 종합적으로 모니터링하여 사고예방을 실시하고 있다.

◇ 선상 탑재형 항로지원 시스템
운항 중 기상 예측 및 시뮬레이션이 가능하여 연료 소모를 최소화 하면서 운항

시간을 단축시키는 최적의 루트를 선택하여 경제적인 운항을 실행하고 있다.

◇ 가상브리핑(화상회의)
매주 2회씩 화상회의 시스템을 통해 기상회사로부터 전 세계의 해양기상정보를 제공받고, 선박 운항 담당자들은 이를 통해 기상 전문가들과 선박 운항 정보를 교환하여 안전운항을 도모하고 있다.

■ 해상운송의 환경영향 최소화

◇ Optimal Maintenance
- 주기적인 propeller Polishing을 통한 추진효율향상 : Propeller 표면 오염은 추진 효율 감소의 원인이 되므로 가장 적절한 주기를 파악하여 Polishing을 시행
- 선체 저항 감소를 위한 Condition Base Hull Cleaning 시행 : 해양 및 운항 조건에 따른 선체 외판 페인트의 정기적인 점검 및 선체 저항을 모니터링 함으로써 최적의 시점에 Hull(선체) Cleaning 시행
- 선박 입거수리 중 외판 거칠기 개선을 위한 정비 : 외판의 선체 저항을 줄일 수 있도록 전체 외판 거칠기를 개선하여 온실가스 절감 효과를 높임
- 연료 절감형 페인트 선정 및 검증 : 에너지 절감의 가장 큰 요소인 선체 저항을 줄일 수 있는 고가의 기능성 페인트를 적용하여 온실 가스 감축에 기여

◇ Challenge Compliance
- 선박 육상전력 수전설비 설치 확대 : CO_2, Nox, Sox, PM 등 대기 배출물 감축을 위해 캘리포니아주 입항선을 대상으로 선박에 육상전력 사용을 확대 적용하였으며 2006년 이후 건조되는 신조선에 육상전력 시스템을 적용할 수 있도록 설계

◇ Operating Optimization
- 운항 자세 최적화 기술의 적용: 선박 자체적으로 선박의 운항 컨디션에 적합한 운항 자세를 최적화 할 수 있는 프로그램을 개발 및 적용

- 경제 선속 운용 확대 : 경제속도로 저속운전을 수행하여 2008년 대비 선속 15% 감소, 온실가스 배출량 20% 이상 감축
- Green Supply Chain : 온실가스 감축을 위해 공동운항 선사와 기술을 공유하고 Eco Speed 공동 대응을 추진하여 지배선대 용선 선박에 기술적/물리적 지원을 확대

◇ Machinery Efficiency Improvement
- Steam 가열 방식에서 연료 순환 방식으로 개조 : Bunker(선박의 연료) Tank 예열을 위해 이용되던 기존 Steam 가열 방식에서 연료 재순환 방법으로 개조하여 보일러에서 발생되는 온실가스 배출량 감축
- 폐슬러지 재활용 기술 개발 : Heavy Fuel Oil 정제 과정에서 발생되는 슬러지(불순물)를 청정 가공하여 가용 연료유로 재활용하는 기술을 개발하여 적용 예정
- 선체 부가물 장착을 통한 추진 효율 향상 기술 적용: 선체에 흐르는 유체 흐름을 개선할 수 있도록 부가물을 장착하여 진동 감소 및 추진 효율 향상을 도모
- 부하 제어형 가변 모터의 적용 : 선박에 설계된 각종 대형 모터를 운전 부하에 적절하게 가변 운용할 수 있도록 개조하여 불필요한 전력 사용을 예방
- 주기관의 과급기 감통 운전 시행 : 주기관의 저부하 운전에 따른 과급기 효율 개선을 위해 여러 대의 과급기 중 한대를 감통하여 소기 효율을 향상시킴으로써 엔진연소 상태를 개선하고 연료 효율을 향상
- 주기관 Fuel Injection Valve 개선 : 노즐 내부에서 불필요하게 소모되던 기존 주기관 연료 분사 노즐 개선을 통한 NOx 및 온실가스 배출량 감축
- 연소 촉매제를 이용한 연소 개선 : 엔진 저부하 운전 시 나타나는 매연 발생 문제 개선을 위해 화학적 연소 촉매제를 투입 주기관의 연소 개선을 도모

사례) HONDA (환경 연차 리포트 2009년)

혼다는 개정 에너지절약법에 있어서 매출액 당 CO_2 배출량이 2006년도 비하여 10% 삭감하는 것을 목표로 정하고 있다.

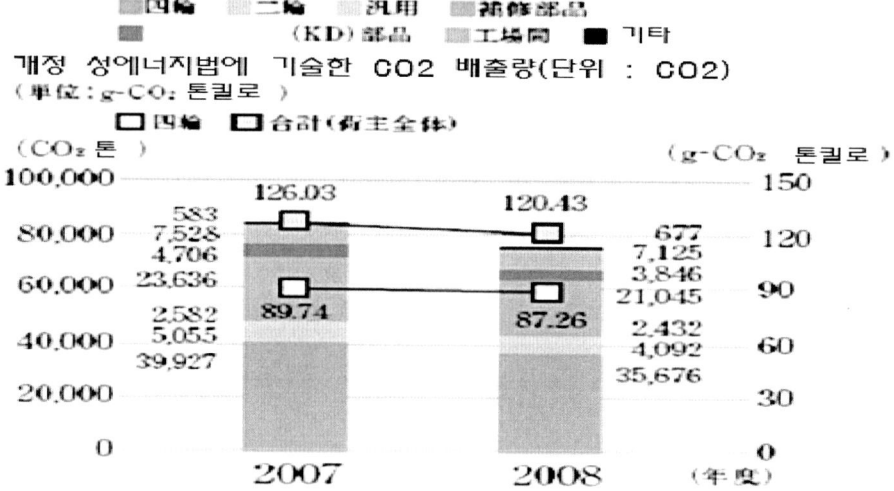

[그림 39] 개정 성에너지법에 기술한 CO_2 배출량(단위:CO_2 톤)

◇ 4륜완성차 수송은 위탁수송회사에서 에너지절약 운전활동과 트레일러의 신규 차량으로 교체, 아이들링스톱으로 대표되는 에코드라이브 실천에 따라서 평균연비의 향상을 추진하여 연비를 3% 향상시켰다. 수송차량의 CO_2 배출량의 687톤을 삭감하였고, 향후 선박수송에 의한 모달시프트로의 확대를 꾀하고 있다.

◇ 이륜완성차수송은 위탁수송의 에너지절약 활동으로서 철도수송에 의한 모달시프트를 2007년에 이어 지속적으로 수행해 오고 있다. 2008년 11월부터 종래는 나고야 항으로부터 전국으로 수송하고 있던 중국으로부터의 수입차를 큰 시장에 보다 가까운 도쿄 항과 고베 항으로 수입항을 변경하였다. 국내육송거리를 단축함으로써 약 7%의 CO_2 삭감으로 연결되었다.

◇ 보수부품 수송에 대해서는 2007년 6월에 가동개시한 鈴鹿물류센터를 중심으로 물류의 집약을 추진해 왔다. 2008년 9월에는 집약작업의 완료와 동시에 수송로트 효율화를 목적으로 한 charter편에 의한 전국출하를 하고 있다. charter편의 적재율 향상과 배송루트의 변경등의 결과, 2006년도에 비하여 약21.1%라는 대폭적인 CO_2 배출량삭감을 달성하였다. 집약에 동반하여 증가한 거점간 횡대기 수송을 모달시프트의 확대에 노력하고 狹山 지구와 鈴鹿지구간의 JR컨테이너 수송

을 개시하였다. 현재는 시작당시의 4컨테이너로부터 12컨테이너로 보수부품 수송을 확대하고 있다.

사례) BGF리테일

■ 국내 최초 全차량 (1,134대) 통합단말기 장착 완료
2013년 6월 국내 최초로 全차량에 3G 통신망을 활용해 위치추적 및 유류사용량 측정이 가능한 통합단말기 장착을 완료하여 차량의 에너지사용량과 탄소배출량을 관리하고 있다.

■ 全차량 에어스포일러 장착 및 친환경 도료도색
全 차량에 에어스포일러 장착을 통해 연비개선 효과를 보고 있음. 또한 브랜드 CI/BI 변경 당시 全 차량 도색에 에너지세이버도료를 사용하였다. 에너지세이버도료는 기존 도료 대비하여 차열/단열 효과가 우수하여 저온차량의 냉장/냉동기 사용률을 감축하여 연비개선 효과를 볼 수 있다. 그 결과 연비 0.5% 개선을 통해 유류사용량 3.6만 리터/年 및 탄소배출량 95,807kg/年 절감하였다.

사례) STX조선해양 (지속가능보고서 2010년)

■ 친환경 선박개발
STX조선해양은 친환경 선박개발을 위하여 지속적인 연구개발을 수행하고 있다. 온실가스 배출, 각종 대기배출 물질 저감과 같은 글로벌 선박환경규제에 대응할 수 있는 친환경적인 선박 개발에 노력하고 있다. 특히, 신재생에너지를 활용한 VLCC급 친환경선박 개발을 통해 오염물질 배출 저감과 연비 향상을 기대할 수 있는 새로운 개념의 선박 시장의 판로를 개척하였다. STX조선해양은 기존 화석연료 사용 선박 대비 30% 이상의 연료절감을 목표로 전 선종을 대상으로 친환경 선박개발을 확대해 나갈 계획이다.

[그림 40] Far Samson호

STX유럽에서 개발된 Far Samson호는 친환경 선박의 대표적 사례이다. 롤스로이스사의 디젤전기와 디젤기계전동의 하이브리드 방식의 엔진을 장착한 첨단기술의 조합으로 연료 효율성이 뛰어나고 배기가스를 최소화한 친환경 선박으로 인정받고 있다. 엔진 발전기에 설치된 공해방지장치는 질소산화물(NOx) 배출을 기존 화석연료 선박에 비해, 5% 수준으로 저감시켜 대기환경개선에도 탁월한 효과를 입증하였다.

[그림 41] STX GD Eco-Ship 개발

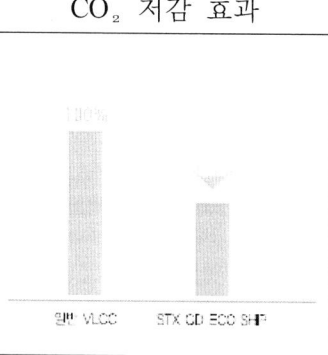

STX조선해양은 기존 선박에 비해 연료사용을 대폭 절감할 수 있는 친환경선박 'GD(Green Dream) Eco-Ship'을 개발하고 있으며, 상용화 전 단계에 와 있다. STX GD Eco-Ship에는 저 진동추진기(Wide Chord Tip) 개념과 선상에 풍력과 태양광 발전시스템을 도입해 벙커C유 외에도 신재생에너지를 활용할 수 있도록 할 계획이다.

GD Eco-Ship은 고효율 에너지 사용과 신재생에너지 활용에 의해 일반 선박에 비해 약 45%의 CO_2 만을 배출한다. 또한 갈수록 허용치가 낮아지는 NOx, SOx 배출에도 대비하여, 2016년 규제치를 이미 만족하고 있다.

CO_2 저감 효과	NOx 규제 대비 배출량	SOx 규제 대비 배출량
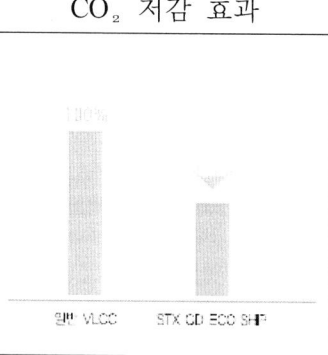	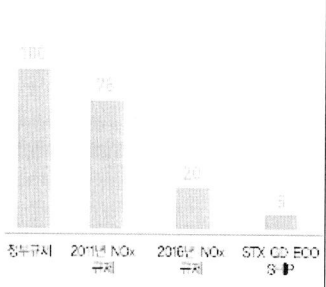	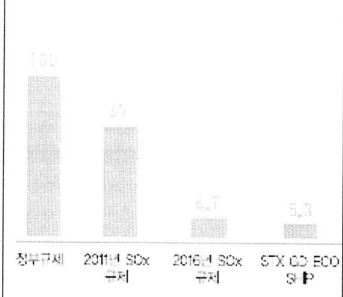

 사례   삼성전자 (지속가능경영보고서 2014년)

■ 물류 배출량 관리

삼성전자는 판매 제품, 자재, 부품 운송의 국내외 물류 운송 시 발생되는 온실가스 배출량을 산정하고 있다. 물류 배출량은 글로벌 비즈니스 확대에 따른 현지 생산법인의 확장 및 생산량 증가, 그리고 글로벌 제품 판매량 증가에 따라 매년 증가하고 있다. 2013년 물류 배출량은 10,206천톤으로 작년과 비교하여 0.8% 증가하였으나, 매출액 대비 물류 배출량 (매출액 원단위 배출량)을 비교할 경우 2012년 대비 2013년은 12.5% 감소했다. 삼성전자는 물류 배출량을 줄이기 위해 제품의 경량화·슬림화를 통해 화물 적재 효율을 향상시키고 있으며 저탄소 운송수단 확대와 최적의 운송경로 개발을 지속적으로 추진하고 있다.

〈표 16〉 운송수단별 물류 배출량 (글로벌)

지역		2011년	2012년	2013년
총배출량		8,441	10,125	10,206
글로벌	항공	2,017 (24%)	2,952 (29%)	2,652 (26%)
	해운	6,320 (75%)	7.086 (70%)	7,455 (73%)
국내	철도/도로	104 (1%)	87 (1%)	98 (1%)

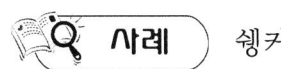 사례   쉥커

■ 복합일관운송

쉥커는 모든 교통수단 전반에 걸쳐 안정적이고 광범위한 네트워크를 확보하고 있어 복합운송 및 전환운송 등의 솔루션을 활용해 운송 분야의 성장을 지속적으로 촉진하고 CO_2 배출량을 점차적으로 줄여나갈 예정이다. 실제로 2014년 8월 20일 쉥커 로지스틱스는 중국에서 남미 브라질까지 약 21톤의 휴대전화를 철도, 트럭, 항공기를 편성해 복합 일관 수송을 실시했다. 양국을 3가지 수송모드로 연결하는 첫 시도로, 중국 내륙부인 충칭시에서 철도에 실어 카자흐스탄, 러시아,

벨라루스, 폴란드를 경유해 독일 뒤스부르크까지 수송한 후(철도수송 1만 124km, 약 17일 소요) 여기서 다시 트럭으로 옮겨 실어 프랑크푸르트 공항으로 운반한 후, 쉥커의 중앙 거점이 있는 프랑크푸르트 공항에서 라벨부착과 엑스레이검사, 포장 등을 완료하고 브라질에서 나머지 통관수속 작업을 완료함으로써, 약 4주인 24일 만에 브라질 최종 목적지에 도착하였다. 이는 선박편을 이용한 경우, 배송일수(50~55일)와 비교 시 상당히 단축 된 결과를 보여준다.

 사례 Maersk Line

■ 트리플-E급 컨테이너선 발주

머스크라인(Maersk Line)은 2013년 한국 조선소에 세계 최대 규모인 1만 8000teu급 컨테이너선인 트리플-E(Triple-E)급 10척을 발주한 상태이며 2014년 기준 4척까지 인수를 완료한 상태다. 트리플 E급은 규모의 경제성(Economy of scale), 에너지 효율성(Energy efficiency), 친환경(Environmentally improved)을 의미하는 새로운 선형으로서 길이 400m, 폭 59 m, 높이 73m로 현재 최대 규모인 에마머스크(Emma Maersk)급 선형보다 적재 능력은 약 16% 향상시킨 반면 주기관의 출력을 감소시켜 연료를 절감할 수 있는 친환경 선박이다. 또한 폐열을 에너지원으로 재활용하는 폐열 회수 장치 기술을 사용해 10%의 에너지 절약이 가능하다. 이는 유럽 내 5000가구의 연평균 전기 사용량에 해당하는 혁신적 기술로 평가 받고 있는 동시에 회사 측은 업계 평균 대비 50%의 이산화탄소 배출량 감소와 35%의 연료 절감효과를 예상하고 있다.

■ 감속운항(slow steaming)

감속운항은 엔진의 최고 운항속도의 60%미만으로 항해하는 것으로, 속력을 20% 줄일 경우 40%의 연료절감 효과가 있다. 이에 머스크라인은 2007년부터 감속운항(slow steaming)을 도입하여 연료 소비량을 낮춰 이산화탄소 배출을 줄이고 있으며 컨테이너당 7%의 연료를 절감하고 있다. 현재 선사들은 선박의 운항속도를 기존 24~25노트(시속 약 44㎞)에서 16~17노트(약 30㎞)로 줄였으며, 머스크라인은 추가로 선속을 더 낮추는 방안도 고려하고 있다. 이를 위해 자체 시운전을 실시하였으며, 그 결과 40%가량 감속운항을 실시해도 부작용이 없다는 것을 파악하였다.

■ 연료전환(fuel-switch) 프로그램

머스크라인은 2006년부터 선박에서 배출되는 아황산가스를 줄이기 위해 업계 최초로 벙커유에서 황산 함유가 낮은 저황 원유로 바꾸는 자발적인 연료전환(fuel-switch) 프로그램을 시행하고 있다. 연료전환 프로그램은 미국 LA항을 시작으로 홍콩에 이어 뉴질랜드에서도 확대 시행 중이며, 현재 뉴질랜드의 9개 항구에서 저황 원유로의 연료전환을 통해 약 80~90%의 아황산가스 배출을 절감할 수 있었다. 머스크는 2015년까지 싱가포르항을 포함한 최소 10개 지역에서 이러한 연료 전환 프로그램을 확대해 나갈 계획이다.

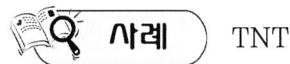 TNT

■ 항공기의 연료 효율 개선

항공기의 경우, TNT는 비행계획, 이륙 및 착륙, 운항 전 과정, 지상관리 등의 연료 효율의 모범 사례들을 적용시키면서 항공기 운항의 연료 효율을 지속적으로 향상시키는 것에 목표를 두고 있다. 보유 항공기의 연료효율을 높이기 위해 항공기 엔진 청소, 항공기 GPU(Ground Power Unit) 사용 증대, 항공기 공기역학 강화 등을 실시하고 있으며 2017년까지 단거리용 항공기들을 연료 효율이 높은 최신인 기종으로 대폭 교체해 나갈 계획이다.

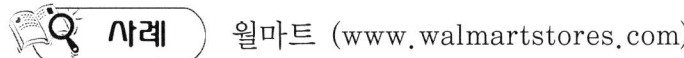 월마트 (www.walmartstores.com)

■ 녹색 차량 개발

월마트는 신기술을 적용한 녹색 차량들을 개발, 이용하고 있다. 월마트의 녹색물류 모토는 "적게 움직이고 더 많이 운송한다."이며 미국 전역, 그리고 전 세계에서 약 6,000 대의 트럭이 움직이고 있다. 이들이 조금씩만 더 싣고, 조금씩만 덜

움직여도 감축할 수 있는 이산화탄소의 양이 엄청나기 때문이다. 먼저, 새로 개발한 트레일러의 경우 탄소 섬유 100%로 만들어져, 감소된 무게만큼 약 4,000파운드 정도 화물을 더 실을 수 있도록 설계 되었으며 2007년 이후, 약 3억 마일의 주행거리를 줄임으로써 8억 3천만 건을 더 배송하는 성과를 거두었다. 2005년을 기준으로 84.2%나 개선된 결과, 구체적인 트랙터와 트레일러의 개선점들은 <표 19. 트랙터 & 트레일러의 개선점>을 통해 알 수 있다.

〈표 17〉 트랙터 & 트레일러의 개선점
(Golbal Respomsibility - Environmental Sustainability - Truck Fleet)

트랙터	트레일러
선진화된 공기역학 시스템 (386모델 기준 20%개선)	탄소 섬유로 된 몸체, 지붕과 측면의 53피트 단일패널 (강도나 성능을 저하시키지 않고 무게감소 가능)
마이크로터빈을 이용한 하이브리드 전기구동력(깨끗하고 효율적이며 연료가변적)	리벳이 필요없는 첨단 접착제 사용
180도로 회전할 수 있는 운전석	화물용량을 유지하면서 공기역학 향상시크는 볼록한 코 모양 선체
사용자 정의 게이지와 성능자료가 표시되는 전자 대쉬보드	차세대 LED 전등사용 (에너지 효율성이 높고 안전함)
운전자 측 슬라이드문과 접이식 계단마련 (안전성과 보안성 향상)	
접이식 침대가 딸린 풀 사이즈 수면공간	

사례 사가와 큐빈

■ ECO차체 도입

SG모터스는 지구에 친화적인 「ECO 차체」를 개발, 사가와큐빈의 집배차량으로서 전국에서 활용하고 있으며 차량에 이용되고 있는 다양한 재료를 환경을 배려하는 것으로 변경하여 환경부하저감에 노력을 기울이고 있다.

실천활동 [5] 소음/진동의 방지 및 경감을 위해 노력하고 있는가

> **사례** 대한항공 (지속가능보고서 2008년, 2010년)

소음은 과거부터 현재까지 공항인근 주민에게 가장 큰 환경문제이다. 항공기 및 엔진 제작사는 항공기의 공기역학적인 측면 개선과 엔진성능 개선을 통하여 소음을 최소화하기 위해 노력을 기울여 왔지만 공항 인근 주거지역의 확대와 운항 편수 증가로 인해 쾌적한 주거환경을 위한 지역사회의 요구는 지속되고 있다.

[그림 42] 소음을 최소화하기 위한 노력

■ 소음감소 이륙절차 개발

대한항공은 이·착륙 절차의 개선을 통한 소음 감소를 위하여 각국 공항에서 요구하는 소음감소 이·착륙절차를 절대 준수하고, 국제민간항공기구(ICAO)의 소음감소 이륙절차(NADP : Noise Abatement Departure Procedure)를 각 공항 주변 환경에 맞게 적용하는 추가적인 기술과 절차를 개발하고 있다.

◇ ICAO 소음감소 이륙절차
- NADP 1 방식 : 항공기의 성능 범위 내에서 일정한 고도(245m) 이상까지 급격하게 상승한 후 엔진 출력을 줄였다가 고도 약 900m에서 *Flap(항공기 날개의 뒤에 붙이는 고양력 장치)을 접어 가속하는 방식이다. 공항 주변의 거주구역을 낮은 엔진출력과 높은 고도로 통과함으로써 고소음에 노출되지 않도록 하고

있다.(김포공항)
- NADP 2 방식 : 처음에는 규정 이륙추력으로 상승하며 고도 245m 이상에 이르면 Flap을 넣으면서 고도 약 900m에 이를 때까지 가속하는 방식이다. 거의 수평에 가까운 완만한 상승비행을 하다가 공항주변이나 도심을 벗어나면 다시 정상적인 상승추력으로 바꾸어서 상승비행을 한다. 거주지역이 공항에서 떨어져 있는 경우 사용하는 소음감소 이륙방식이다.(인천공항)

[그림 43] ICAO 소음감소 이륙절차

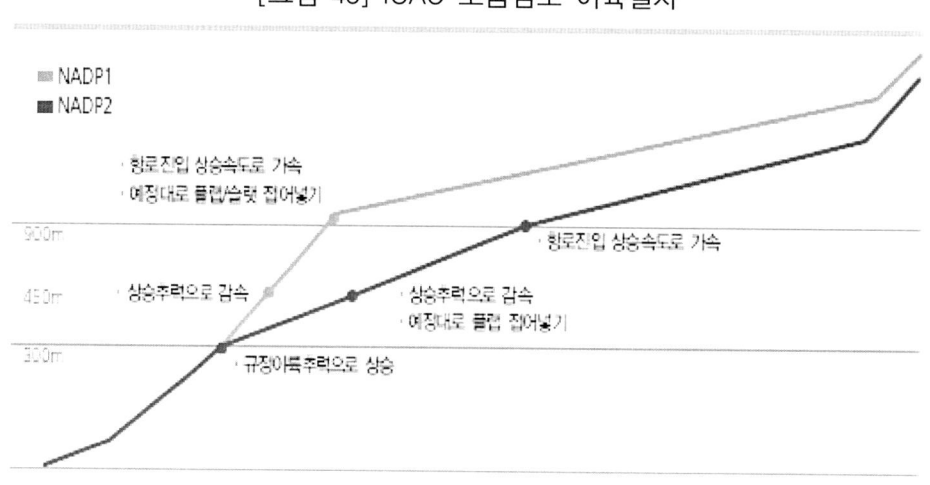

- 김포공항 소음감소 이륙절차 개발: 대한항공은 ICAO의 NAPD1 절차를 추가 검토한 결과, 공항 남쪽에 위치한 근거리 소음민감지역을 비행할 때에는 고도 456m에서 추력을 감소시키는 것이, 공항에서 먼 거리에 위치한 소음민감지역을 통과할 때에는 기존의 기존의 912m보다 더 상승하여 1,215m에서 가속 및 Flap을 접는 것이 소음감소에 더 효과적인 것으로 분석되어 이러한 이륙절차를 회사 정책으로 수립하여 적용하고 있다.
- 대한항공은 2007년 11월부터 김포공항에서 국제민간항공기구(ICAO)가 권고해 온 연속강하접근 (CDA, Continuous Descent Approach) 절차를 운영하고 있다. CDA 절차는 최종고도까지 일정 강하율을 계속 유지하며 접근하는 방식으로 기존의 계단식 강하에 비해 소음감소와 함께 CO_2 배출 감소에 도움을 주고 있다.

[그림 44] 김포공항 소음감소 이륙절차 개발

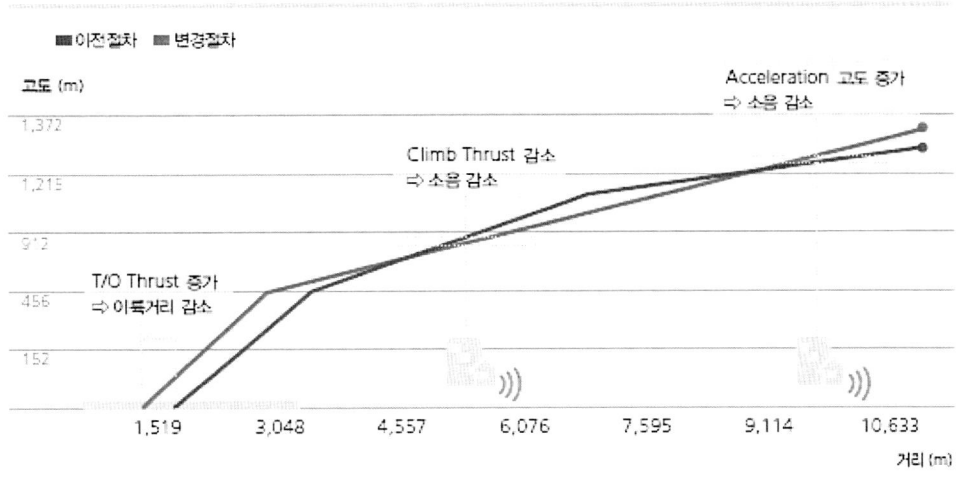

[그림 45] 연속강하 접근절차

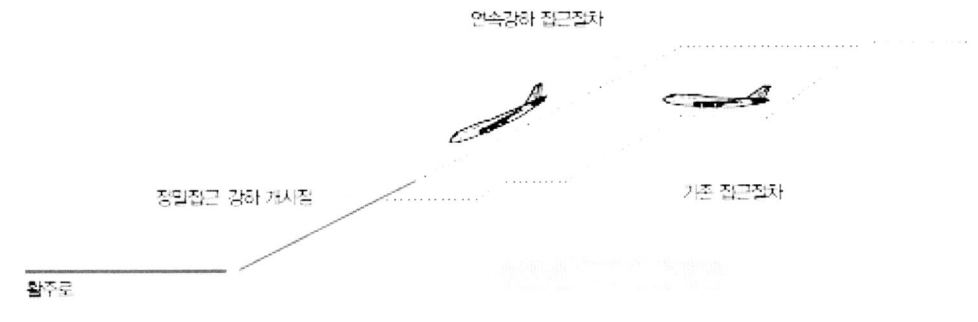

◇ ICAO 및 국내 항공기 소음기준

ICAO는 1969년 민간항공기에 대해 처음으로 소음규제를 실시한 후 현재까지 지속적으로 규제 강도를 높여왔다. 현재 대부분의 공항에서는 Chapter3이상의 기준을 따라야 하며 2006년 1월부터 승인을 받은 항공기는 세 지점에서 측정한 소음치의 총합이 Chapter3 소음기준보다 10EP-NdB이 더 낮은 Chapter4 기준에 부합해야 한다. 대한항공은 2006년 이전에 승인을 받은 모든 항공기를 포함해서 현재 보유하고 있는 총 127대의 항공기 모두가 소음 수치상으로 ICAO에서 규정하는 소음기준 중 최고 기준인 Chapter4 기준을 충족한다. 또한 현재 우리나라 항공법에서는 ICAO Chapter 2,3 및 Chapter 4를 다시 세분화하여 항공기의 소음등급을 6등급으로 구분한다. 대한항공에서 보유하고 있는 모든 기종은 현재 가장 조용한 6등급에 속한다.

[그림 46] 항공기 소음 측정

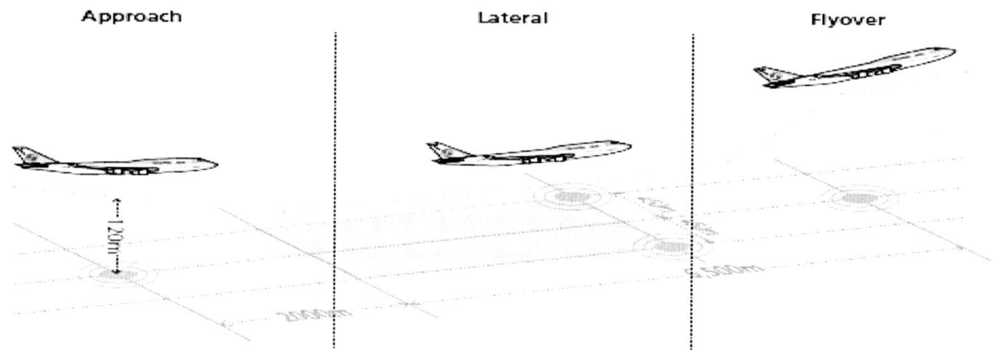

* 항공기 소음레벨은 항공기 형식승인의 일부분으로서 항공기 이륙 후 활주로 전방 6,500m 지점, 활주로 옆 450m 지점, 착륙하기 전 활주로에서 2,000m 떨어진 지점(고도 약 120m) 등 세 지점에서 각각 측정한다.

◇ 소음부담금

[그림 47] 대한항공의 소음 부담금 납부 현황

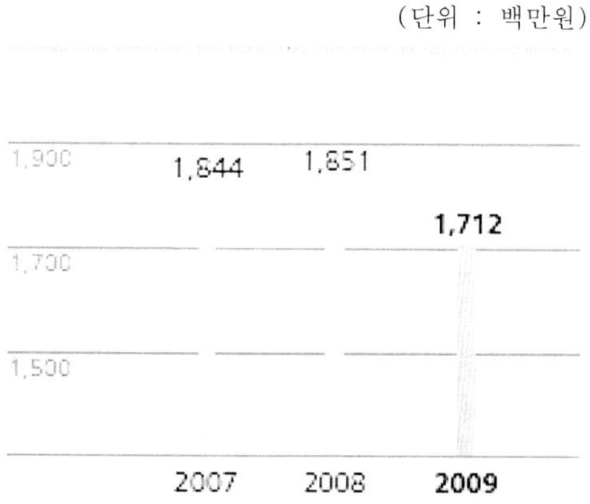

(단위 : 백만원)

1,844 1,851 1,712 (2007, 2008, 2009)

대한항공은 항공기 이륙 시 소음기준을 초과하지 않도록 소음기준 초과 항공기에 대하여 계속적으로 원인 분석 및 재발 방지대책을 세우고 있다.
현재 항공사에서는 각국 공항에서 정한 규정에 의하여 항공기 운항 시마다 소음부담금을 납부하고 있다. 항공사에서 납부한 소음부담금은 공항에서 수립한 계획에 따라 소음방지 및 소음대책지역 지원을 위한 예산으로 사용되고 있다.

실천활동 [6] 수질오염의 방지 및 경감을 위해 노력하고 있는가?

사례 삼성전자 (지속가능보고서 2012년, 2014년)

■ 수자원 관리

삼성전자는 세계 IT업계의 선도기업으로서의 책임을 인식하고, 수자원관리 정책 및 저감목표를 수립하고, 대응전략을 마련하여 이를 실행함으로써 수자원 고갈 문제 해결을 위해 동참하고 또한 기업경영상의 중대한 리스크를 최소화하고 있다.

◇ 수자원 방침

삼성전자는 글로벌 수자원 이슈의 중요성을 인식하고 수자원 부족으로 인한 경영상의 리스크를 최소화하는 동시에 다양한 이해관계자들과의 커뮤니케이션 확대를 주 내용으로 하는 수자원 관리 방침을 수립했다.

[그림 48] 수자원 정책 2012년

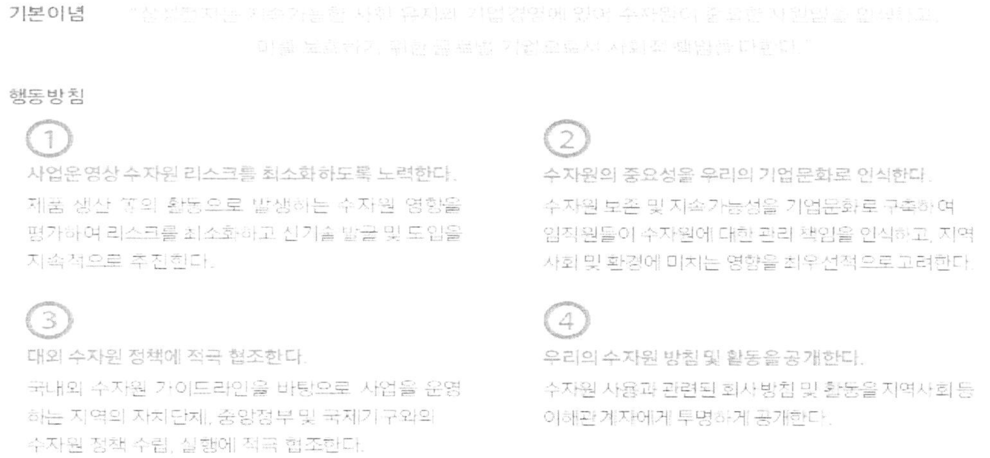

기본이념   "삼성전자는 지속가능한 사회 증진과 기업경영에 있어 수자원이 중요한 자원임을 인식하고,
            이를 보존하고, 위험을 대비한 기업으로서 사회적 책임을 다한다."

행동방침

사업운영상 수자원 리스크를 최소화하도록 노력한다.
제품 생산 및 활동으로 발생하는 수자원 영향을 평가하여 리스크를 최소화하고 신기술 발굴 및 도입을 지속적으로 추진한다.

수자원의 중요성을 우리의 기업문화로 인식한다.
수자원 보존 및 지속가능성을 기업문화로 구축하여 임직원들이 수자원에 대한 관리 책임을 인식하고, 지역사회 및 환경에 미치는 영향을 최우선적으로 고려한다.

대외 수자원 정책에 적극 협조한다.
국내외 수자원 가이드라인을 바탕으로 사업을 운영하는 지역의 자치단체, 중앙정부 및 국제기구와의 수자원 정책 수립, 실행에 적극 협조한다.

우리의 수자원 방침 및 활동을 공개한다.
수자원 사용과 관련된 회사방침 및 활동을 지역사회 등 이해관계자에게 투명하게 공개한다.

◇ 수자원 현황

용수를 제공하는 회사로부터 수자원을 안정적으로 공급받고 있는 삼성전자는 용수 공급 경로를 이중화하고 취수 저장소를 갖춰서 수자원 리스크를 최소화하고

자 노력하고 있다. 한편, 사업장에서 배출되는 방류수는 사내 처리시설 및 사외 처리시설을 이용하여 안전하게 처리되고 있으며, 특히 사내 처리시설을 이용하여 하천에 직접 방류하는 경우에는 법적 기준치보다 더 엄격한 사내기준을 적용하고 있으며, 실시간으로 방류수질을 모니터링하고 있다. 수자원 사용을 저감하기 위해 사업장에서 발생되는 폐수 및 오수를 재처리한 후 사용해서 용수의 재사용 효율을 향상시키고 있다.

[그림 49] 수자원 흐름도 (2013년 기준) 2014년

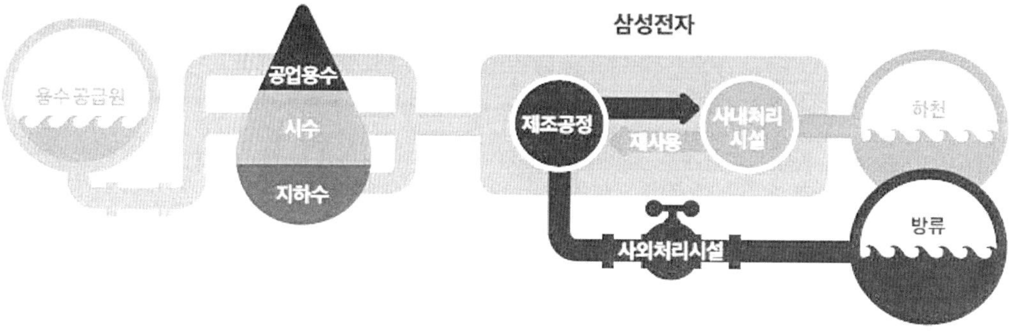

(단위: 천톤)

용수 유입량			용수 방류량		
공업 용수	시수	지하수	사내처리시설	사외처리시설	재사용량
47,765	19,847	1,069	44,144	10,113	45,262

◇ 수자원 관리

삼성전자는 생산량, 임직원수 증가로 물사용 요구량이 지속적으로 증가되고 있지만, 수자원 절감활동을 통해 용수 사용량 기준으로 전년대비 2% 절감실적을 달성했다. 초순수[1]를 생산하는데 소요되는 용수사용량을 최적하고, 폐수 재처리 system을 설치하여 처리된 용수를 재이용하는 등의 다양한 활동으로 용수 사용량을 감소시켰다. 반도체 공정이 미세화 되면서 초순수 회수율은 감소 추세이지만, 그 밖의 폐수 및 오수 재사용을 향상시켜서 전년대비 용수 재사용율은 4.6%

---

1) 초순수 : 물속의 염분이나 미생물 등의 불순물을 제거한 최대한 순수한 상태의 물로 주로 LCD, 반도체 등의 초정밀 제조 공정에 사용된다.

가량 향상되었으며 2015년까지 매출 원단위 기준으로 용수사용량 50톤/억원 목표를 달성하기 위하여 수자원절감활동을 강력하게 추진하고 있다.

〈표 18〉 수자원 재사용량 2014년

구분		용수 재사용		초순수 재활용		
		재사용량 (천톤)	재사용율(%)	공급량 (천톤)	회수량 (천톤)	회수율 (%)
국내	2013년	34,871	63.9	27,358	12,525	45.8
	2012년	34,225	61.9	29,226	13,917	47.6
	2011년*	81,863	74.7	117,321	59,289	50.5
글로벌	2013년	45,262	65.9	41,143	20,932	50.9
	2012년	42,104	61.3	40,988	21,510	52.5
	2011년*	90,068	74.0	128,554	66,676	51.9

* LCD 사업부 사용량 포함 (2012년 LCD 사업부 분사)
* 초순수 : 물속의 염분이나 미생물 등의 불순물을 제거한 최대한 순수한 상태의 물로 주로 LCD, 반도체 등의 초정밀 제조 공정에 사용된다.

사례) STX팬오션

■ 밸러스트 수(Ballast Water) 사용으로 인한 생물 및 생태계 변화

국제해사기구(IMO)는 2004년 2월 선박의 밸러스트 수 및 침전물의 규제와 관리를 위해 밸러스트 관리조약을 채택하여 2009년 발효시켰으며, 이에 따라 모든 선박에 대해 강화된 국제 기준에 따른 밸러스트 수 처리를 요구하고 있다. 이에 STX팬오션은 밸러스트 수에 의한 생태계 교란 방지를 위하여 각 국의 규정에 맞도록 심해의 맑은 물을 밸러스트 탱크 용량의 3배 만큼 순환시키는 방법 및 모든 물을 심해의 물로 교환하는 방법으로 생태계에 대한 영향이 최소화 되도록 노력하고 있다. 한국선사 최초로 2006년 STX YOKOHAMA호에 탑재된 BWTS 장비에 대한 인증을 국제해사기구로부터 받았으며, 2009년도 건조된 STX EASTERN화와 NEW CONCORD호 총 4척에 BWTS 장비가 설치되어 있다. 2012년 이후 모든 신조 선박에 BWTS 장비를 설치할 것이며, 2017년 이후 도래하는

입거검사 시점까지 모든 보유 선박에 이를 설치할 계획이다.

■ 방오도료에 의한 해양오염

선박 운항 시, 선체에 부착생물이 나타나게 되는데 이를 방지하기 위한 방오물질 사용으로 생태계 파괴가 발생한다. 따라서 방오도료(선체 부착생물 방지)로 인한 생태계 파괴 방지를 위해 국제 규정에 따라 친환경 도료 사용을 의무화하고 있다. 1999년부터 순차적인 친환경 도료 사용을 시작으로 2002년부터는 모든 선박에 친환경 도료를 사용하고 있다.

■ 선상 폐기물 및 폐수처리

2009년 미국의 선진폐기물 관리 시스템을 도입하여 미 정부의 시스템 적합성 검증을 받았으며, 매년 미국의 환경 전문검사원이 선박 및 육상의 시스템 준수 여부를 모니터링하고 있다. 또한 국제협약 상 해상투기가 가능한 폐기물이라도 육상양륙을 통한 재활용을 시행중이다. 각 선박별로 발생하는 폐기물량은 2010년부터 관리할 계획에 있으며, 폐유 및 폐기물로 인한 오염방지를 위해 친환경 생분해 봉투를 보급하고 있으며, 해양 수질에 악영향을 미치는 것을 방지하기 위해 세면, 주방, 세탁용으로 친환경 세제를 보급하고 있다.

각 선박에서 발생하는 폐수는 하수(Sewage), 중수(Gray water)이며, 현재는 배출량 및 수질 상태를 확인할 수 있는 시스템이 구축되어 있지 않다. 단, 폐수로 인한 해양오염을 최소화하기 위하여 국제규정에 따라 오수처리장치(Sewage Treatment Plant)를 통하여 해양 배출하고 있다. 현재 해상 폐기물처리는 MARPOL 협약 부속서 4에 의거하여 처리되며, 배출량 및 배출지역 관련 기록을 폐기물기록부(Garbage Record Book)에 기록하고 있다. 추가적으로 동사는 스테인리스 재질 쓰레기통을 전 선박에 보급하여 플라스틱, 일반쓰레기, 음식 쓰레기로 분리 배출하고 있다. 기관구역에는 기름오염쓰레기를 별도 보관 시설에 보관하고 있으며 소각 또는 육상 허가 업체를 통한 양륙 처리를 하고 있다.

원칙 2. 녹색물류 전략

핵심활동 1 · 제품개발

실천활동 : 수송효율 향상과 포장자재 삭감을 고려한 제품개발을 실시하고 있는가?

 사례) 삼성전자 (지속가능경영보고서 2014년)

■ 친환경 포장재

삼성전자는 제품 뿐 아니라 친환경 포장재 개발에도 관심을 기울이고 있다. 대표적 친환경 포장재인수축포장과 재사용 포장재는 재사용성 향상, 중량 저감 등을 통해 포장재 제작에 필요한 자원과 운송에 쓰이는 에너지를 크게 저감하였으며 그 효과를 인정받아 국내외 인증 및 어워드를 취득할 수 있었다.

◇ 재사용 포장재

삼성전자는 2012년 6월부터 1회용 냉장고 포장재를 무독성 폴리프로필렌(EPP)으로 바꾸고, 내·외부 구조를 40회 이상 다시 쓸 수 있도록 설계했다. 포장재로 사용하던 종이를 쓰지 않아 연간 7,000톤의 이산화탄소 배출량을 줄일 수 있고, 펄프 사용량도 줄어 13만 그루의 나무를 심는 효과를 창출했다. 특히 한 번 만든 포장을 40회나 다시 쓸 수 있기 때문에 자원사용을 저감할 수 있다.

◇ 수축포장(Shrinking Package)

삼성전자는 냉장고, 세탁기, 오븐, 식기세척기 등에 고온으로 제품과 포장재를 압착하는 수축포장을 활용하고 있다. 이를 통해 종이 박스 포장 대비 포장재 총 중량을 44% 절감하여 운송비용 및 운송 시 발생하는 온실가스를 저감할 수 있다. 특히 드럼세탁기 수축포장은 기존의 종이박스 포장에서 사용하던 펄프량을

70% 이상 감축할 뿐만 아니라 필름 또한 재활용이 가능한 친환경 포장방식이다.

[그림 50] 재사용포장재   [그림 51] 수축포장

사례   LG전자 (지속가능보고서 2008년)

휴대폰의 개별포장 부문에서는 구조 최적화 및 슬림화를 통해 부피를 평균 26% 축소 시켰고, 휴대폰을 운송하기 위한 적재방식을 ISO규격에 맞추어 설계함으로써 적재효율을 16% 향상시켰다. 그 결과 이산화탄소 배출량을 19% 감축(16,844ton/년), Eco Index 평균 23% 개선할 수 있게 되었다.

[그림 52] 휴대폰 친환경 포장 개발 사례

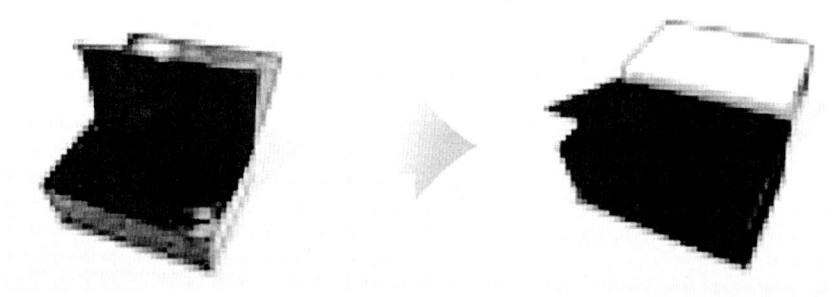

핵심활동 2 　생산시스템

실천활동 : 적재율 향상 및 환경부하가 적은 수송수단의 사용에 맞춰 생산체제를 적극적으로 수정/개선하고 있는가?

사례　BMW (결산 연말 보고서 2009년)

BMW는 제품에서뿐만 아니라 생산구조와 생산과정에서도 환경책임이 형성됨으로 모든 생산과정에서 가능한 환경 부담이 적도록 설계했다.

■ 이산화탄소 감축전략

BMW는 2가지 이산화탄소 감축전략에 따라 자동차를 개발함으로써 획기적으로 연료소비를 감축하고자 한다.

첫째, 모든 BMW차종은 효율 및 역학 성능의 최적조합을 통하여 각각의 세그먼트의 리더가 된다.

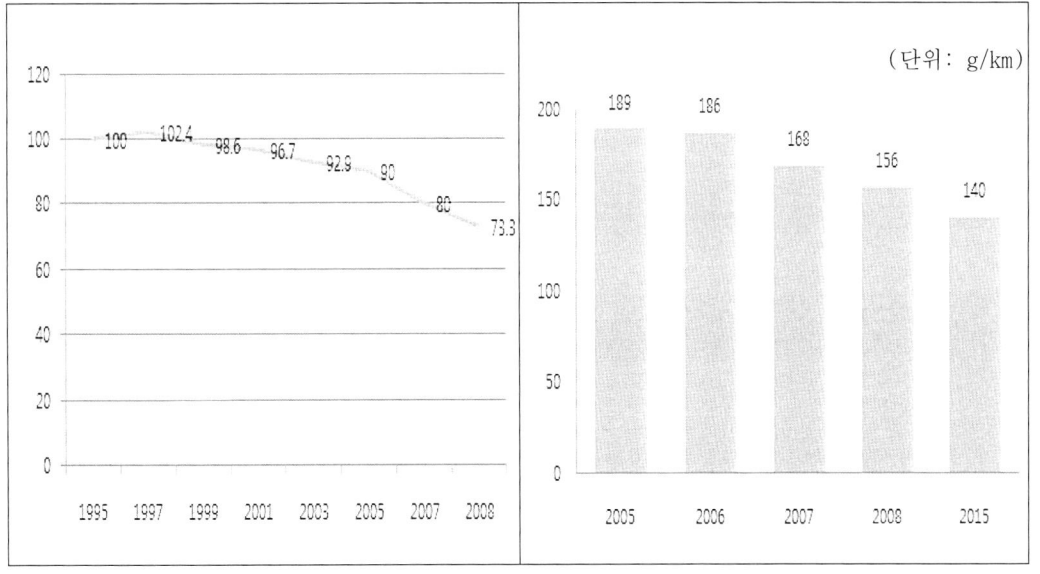

[그림 53] 자동차 에너지효율 추이　　[그림 54] 자동차 CO_2 배출량

둘째, 효율역학기술은 모든 BMW 차종에 표준설비로 장착되어야 한다.
BMW가 지향하는 프리미엄(premium)가치는 그대로 있는 것이 아니어서 연료효율 개선 목표를 2015년까지 CO^2 배출량을 EU기준인 140g/km 미만으로 전 차종 생산하도록 설계하고 있다. BMW 그룹은 이산화탄소 배출 목표를 생산라인별로 결정하고 조직단위별 탄소전략은 이사회에 직접 보고된다. 탄소전략 진행사항을 계속 모니터링하고 목표를 수정한다. 전 차량의 차량구조와 조립을 담당하는 곳에 효율역학부서를 두어 연료효율기술개발 및 적용을 담당하게 한다. 생산 단위 조직과 요율역학부서는 목표의 높고 낮음과 관계없이 기후보호와 자원보전을 위하여 설정된 목표를 달성하기 위하여 직접 공조한다.

■ 효율역학기술 투자

2008년 말까지 탄소배출 저감에 큰 공헌을 한 효율역학개발에 12억 유로달러를 투자하여 1.4백만 대 이상의 차량에 연료절약기술로 개발한 엔진 및 부품을 장착하여 판매했다. 1995년과 2008년 사이에 BMW가 EU 15개국에 판매한 새로운 자동차에서는 주행거래 100km 당 평균 연료가 디젤의 경우 5.9 리터, 휘발유의 경우 6.6 리터 소모되어 탄소배출이 158g/km으로 나타났다. 기존에 비하여 탄소 배출량이 27% 가까이 절감되었다. 이는 유럽자동차공업협회(ACEA: the European Automobile Manufacturers' Association)의 자발적 공약을 뛰어 넘는 결과이다.

또, 3개의 실린더에 터보디젤엔진을 장착하는 차량과 전기모터 차량을 시범 제작하여 모터쇼에 등장시켰다. 연료소모량이 100km 주행시 3.76리터, 탄소 배출량이 99g/km로 개량되었다.

■ 바이오 연료

바이오연료는 대체에너지로 폭 넓게 논의되고 있는 사항으로 BMW에서는 재생 가능한 연료인 E10, E7[2])을 모든 BMW 차량에서 사용할 수 있도록 지원하고 있다. 더 나아가 수소를 첨가한 채소오일 또는 2세대 바이오연료 등을 연구하고 있다. 바이오연료는 농산물 경작지와 관계없는 폐농산물을 이용하는 방향으로 연구되고 있다.

---

2) E10은 에탄올 비율이 최대 10% 되는 바이오연료이고, E 7은 바이오디젤 비율이 최대 7% 되는 바이오연료를 말한다.

사례 STX 그룹 (지속가능보고서 2009년)

■ 각 계열사에서의 환경부하 최소화

STX그룹은 선박 건조와 관련된 조선기계 부문의 계열사별 사업장의 환경영향을 최소화하기 위해 노력하고 있다. STX조선해양, STX엔진, STX중공업, STX메탈 등 선박 생산을 위해 각 계열사가 제품 생산에 투입되는 자원의 사용효율을 높여 원자재의 사용량을 줄이고, 공정효율을 높임으로써 폐기물 저감과 재활용 증대, 수질 및 대기오염 물질 저감 활동이 전개되고 있다.

◇ 원자재 사용 관리

선박 건조에는 주로 철재, 알루미늄 등 다양한 금속 원자재가 사용된다. 이와 관련하여, STX조선해양은 설계단계부터 최종 제품 생산까지 원재료 사용량을 관리하고 있으며, 원료 및 원자재 사용량을 내부 성과지표로 선정하였다. STX엔진은 생산공정 효율화를 통해 원자재 사용 관리를 실시하며, STX메탈은 주조공장에서 용해 시 사용되는 원부자재로 고철이나 폐구리를 재활용하고 있으며, 엔진블록 생산 시 재생연료 사용을 확대하는 등 원자재 투입량을 관리하고 있다.

◇ 폐기말 발생저감 및 재활용 강화

선박 건조 및 부품 생산 시 발생하는 폐기물은 도료, 유류 폐기물, 폐페인트, 폐금속류 등으로 구분된다. 계열사별 폐기물에 대해 철저한 분리수거를 실시하고 있으며, 폐기물 발생량 저감을 위해 재활용을 확대하고 있다. STX조선해양은 도료 폐기물 저감을 위해 공정개선을 실시하였고, STX엔진은 재활용 불가 폐기물 처리와 관련하여 외부위탁 처리에 따른 철저한 현장감사를 실시하여, 환경영향도 고려하고 있다. STX메탈의 경우, 폐기물 배출량 감축 목표와 분리수거 관련 성과지표를 수립하여 폐기물을 관리하고 있다.

◇ 수자원 사용 관리

조선기계 계열사의 용수 사용량은 STX조선해양과 STX메탈을 제외하고 대체로 전년도에 비해 감소하는 추세이다. STX조선해양은 증가하는 취수량에 대해 진수

선에 사용하는 용수로 해수를 사용하여 용수사용 절감에 노력하고 있으며, 타 계열사 또한 생산공정 개선과 정기적인 점검 활동, 재활용 등을 강화하고 있다.

◇ 에너지 사용 및 온실가스 배출관리

STX그룹의 조선기계 계열사는 선박 건조 시 설비가동을 위한 전력 및 유류 사용량이 증가하고 있으며, 계열사별로 에너지 사용절감을 위해 설비 교체, 에너지 사용 절감 정책 도입, 에너지 절감 요소 발굴을 위한 에너지 진단 등 다양한 활동을 전개하고 있다. 또한, 에너지 사용에 따른 온실가스 배출 저감을 위해 차량 이동 및 운영에 대한 내부 규정 수립 등의 노력을 강화하고 있다.

◇ 대기오염물질 관리

선박 건조 및 부품 기자재 생산에 따르는 대기오염물질 저감과 arhksfus하여, STX조선해양, STX중공업, STX메탈은 선박 건조 시 발생하는 대기오염 방지 노력을 통해 SOx, NOx가 발생하지 않으며, 집진 시설에 대해 정기적인 점검활동을 전개하고 있다. 또한, 냉매제를 사용하는 STX중공업과 STX메탈은 오존층 보호를 위한 대체 냉매제 도입을 추진하고 있다.

◇ 수질오염물질 관리

STX그룹은 철저한 오·폐수 관리를 통해 조선기계 계열사의 배출량이 전년에 비해 감소하는 추세이다. 계열사별로 수질오염 부하 정도의 차이가 발생하고 있으며, STX엔진의 경우, 폐수에 유류 함유량이 크기 때문에 폐수처리장으로 유입되는 폐유를 분류하여 윤활유로 재활용하고 있다. STX메탈은 엔진조립공장에 대형자동세척기를 설치하여, 조립공정 시 대형부품의 세척과정을 거쳐 주변 작업 환경 개선 및 생산성 향상은 물론, 폐수 발생 저감 효과에 기여하였다.

◇ 유해화학물질 관리

선박 건조 시 사용되는 유해물질은 선박 도장작업용 도료와 엔진 표면처리를 위한 물질 등으로 이루어져 있다. STX그룹의 선박 건조 및 엔진, 부품 관련 계열사들은 이러한 화학물질에 대한 친환경성을 먼저 고려하고 있으며, 유해물질에 대한 사용관리 매뉴얼 비치, 작업자 교육 등을 실시하고 있다. 또한 유해물질 배출시설과 각 장소에 예방 시설을 설치함으로써 발생 가능한 사고를 방지하고 있다. 이를 통해 STX그룹은 보고기간 중 발생한 유해물질 유출 사고 및 사례는 없었다.

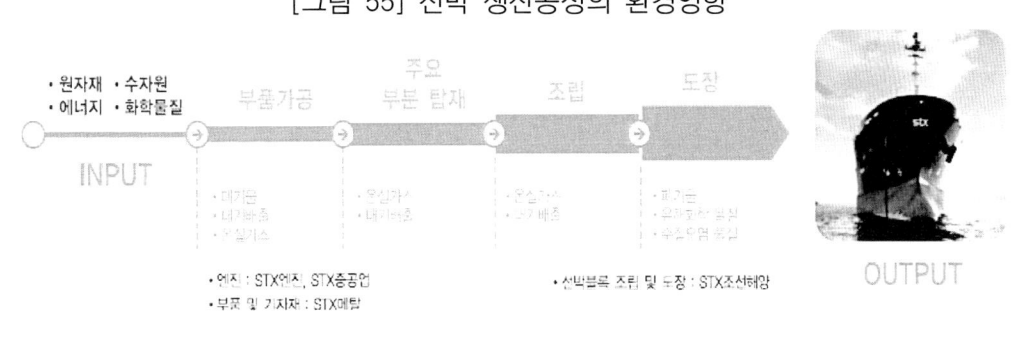

[그림 55] 선박 생산공정의 환경영향

사례 Maersk Line

■ C2C

C2C(cradle to cradle)」란 사용하고 난 제품이나 원료를 산업 자원으로 환원해 폐기물을 줄이고 자원 가치를 높이는 새로운 친환경 개념이다. 머스크라인은 트리플-E급 선박에 업계 최초로 친환경 C2C 패러다임을 도입해 선체에 사용되는 부품을 체계적으로 관리하는 시스템을 구축하고 있다. 트리플-E급 선박의 자재와 부품들은 선박 건조 시 원자재의 품질을 유지해 약 90%의 재사용 가능을 목표로 하고 있으며 강철과 구리, 목재 등의 재활용은 부품비용을 절감할 뿐 아니라 천연자원과 제품 생산에 필요한 에너지 소비를 줄여 이산화탄소 배출 또한 줄일 수 있을 것으로 예상하고 있다.

핵심활동 3 입지전략

실천활동 : 환경부하를 고려하여 물류거점을 배치하고 있는가?

사례) 다하라 물류센터

자동차부품 물류센터인 다하라는 환경부담 절감, 이산화탄소 배출 저감을 요청 받는 동시에 납품처의 생산체제 효율화를 위해 저스트 인 타임(Just in time) 자동차 부품납품에 대한 다각적 대응이 요구된다. 기존 물류센터는 야자키 그룹의 부품만을 직접 납품하고 납품품질의 고도화(다회차 납품, 순차 납품, 유통가공 등)에 대한 대응이 불충분해 납품 리드타임이 길었으며 물류센터의 비효율적 설계로 인하여 입출고 격납등의 생산성이 낮고 본사 집중형 정보시스템으로 문제에 대처하는 시간이 느린 것으로 평가되었다.

이를 해결하기 위하여 납품처에 접근이 용이한 거리에 환경 조화형 물류거점을 구축하고 야자키그룹 부품 외에 타사 부품도 집약시켜 중계지 혼합적재를 실시하고 납품처로 공동배송을 시행하였다. 또 자동 컨베이어 라인의 도입으로 입출고·격납 동선의 흐름 간소화를 실현하고 생산성을 향상시켰으며 자동시스템 구성 및 RFID와 디지털 피킹 시스템 도입으로 효율화와 품질확보를 도모하였다. 이와 더불어 복합운송, 하이브리드 차 도입, 에코드라이브 실시 등으로 새로운 물류센터의 에너지 사용량(총 1만 3,072톤)을 3,236톤 줄이고 CO_2 배출량의 25% 저감을 달성하였다.

사례) LG생활건강 (지속가능보고서 2009년)

■ 물류센터 증설

중장기 사업전략에 부합하는 물류거점의 확보 및 조정을 추진하고자, 2009년 5월 대전물류센터를 코카콜라 음료 대전센터 부지내 신축, 이전하여 운영하고 있다. 또한 화장품 출하 물량의 꾸준한 증가에 효과적으로 대응하고, 배송지연을 해소하여 물류서비스 만족도를 제고하기 위해 2009년 11월 오산 화장품 물류센터를 증설하였다. 동 물류센터는 전체 물량의 30%에 해당하는 수도권 물동량을 관리하게 된다.

■ 생산·조립거점 직출하

외부에서 생산 또는 조립되는 제품을 지역 물류센터 및 거래업체로 직출하하고 있다. 이에 따라 중앙물류센터의 물량을 조절할 수 있으며, 수송거리 단축을 통해 운송 과정에서 배출되는 환경부하를 감소시키고 있다. 2009년 직출하율은 전년의 45%에서 58%로 증대되었다. 한편, 직출하로 인해 야기되는 문제점인 품질검사를 보완하기 위해 OEM 및 임가공 업체의 자체적인 검사를 강화하고 당사 품질 검사인원을 파견하고 있다.

■ 무인터미널 운영

2008년 하반기 물류거점에서 배송거리가 먼 지역중의 하나인 부산물류센터 관할 진주 권역에 무인터미널을 운영하여 격오지 납품에 효과적으로 대응하고 있다. 이로써 협력 회사의 수익성을 제고함과 동시에 추가적인 배송거리 및 공차 운행거리 감축을 통해서 배출가스를 감축하는 효과도 얻고 있다. 앞으로도 무인터미널 운영을 지속적으로 확대하여 친환경 물류 활동을 강화할 계획이다.

[그림 56] 오산 화장품 물류센터 증설

[그림 57] 대전 물류센터 증설

핵심활동 4 모달시프트

실천활동 : 환경부하를 고려하여 장거리수송에 철도나 선박을 이용하는 Modal Shift를 추진하고 있는가?

 고마쯔 (Environmental & Social Report 2010년)

■ 항만공장의 수송개선과 모달시프트의 추진

고마쯔는 2007년에 茨城공장, 金澤제1공장의 항만공장을 준공, 2008년에 六甲 공장확대와 오사까 항 출시제품의 내항바지선으로 수송화를 추진하고 2009년에는 金澤제2공장을 준공하고 국내수송거리의 단축화에 의한 CO_2 배출량삭감을 추진해왔다. 모달시프트화율을 향상하고 저 에너지 원단위 수송화를 실시해 왔다. 그 결과 수송에 관련된 매출액원단위당 CO_2 배출량을 개정성 에너지법 삭감목표의 기준년 2006년에 대하여 30%의 삭감을 실현하였다.

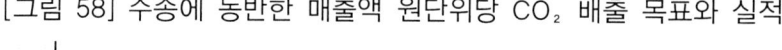
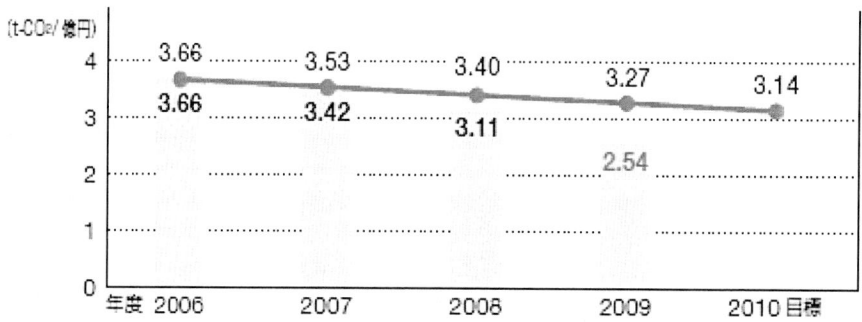

■ 가까운 항구 이용에 의한 육상수송거리의 삭감

고마쯔는 근항활용에 의한 육상수송거리의 단축과 수송단위의 대형화를 추진해 왔다. 栗津공장은 金澤항 이용율을 건설기계본체에서 13.8%(11.6% ->25.4%), 해상컨테이너로 32.6%(48.3%->80.9%)향상시켰다. 茨城공장은 常陸那港활용확대를 추진하고 건설기계본체에서 31.0%(57.3% ->88.3%)향상시켰다. 이들의 활동에 따라서 연간 620톤-CO_2 배출량을 삭감하였다.

[그림 59] 항만도로를 자주하는 오프로드 트랙터

사례 사가와큐빈 (CSR Report 2014)

■ Modal Shift 추진

일본화물철도주식회사와 공동개발한 전차형 특급컨테이너열차 「슈퍼레일카소」에 의한 택배편 수송(모달시프트의 일환)은 2004년 운행개시 이래 도쿄 - 오사카 사이의 전 수송량의 10%를 부담하고 있다. 이는 이산화탄소배출량 삭감 등 환경부하 저감에 큰 영향을 미치는 것으로 파악할 수 있다.

〈표 19〉 2013년도 모달시프트에 의한 효과

감편수 (10톤 환산)	72,243대
CO_2 배출량 삭감	85,597t-CO_2

사례 일본통운

■ 국제철도 수송서비스

2013년 12월 일본통운은 태국, 말레이시아, 쿠알라룸프르에 있어서 일계 기업으로서 처음으로 국제철도수송서비스를 개시하였으며 전용열차에 최대 27량의 화물을 한 번에 운반하는 것으로 대량수송이 가능해지고 동구간의 트럭수송과 비교하여 CO_2배출량을 40% 삭감하였다.

■ Modal Shift 추진

각 기업과 물류사업자의 연대, 협동을 추진, 트럭중심의 수송형태에서 철도선박을 이용한 수송형태로 전환하는 modal shift를 수없이 도전 중에 있다. 철도수송으로 전환하여 CO_2배출량 84%삭감을 실현시켰다.

핵심활동 5 수 · 배송단위 합리화

실천활동 [1] 거래처와의 협의를 통해 거래단위를 수송단위의 배수로 설정하고 있는가?
[2] 거래처에 인센티브를 제공하여 수송단위를 대형화하도록 유도하고 있는가?

핵심활동 6 빈도 · 시간의 합리화

실천활동 [1] 거래처와의 협의를 통해 수송 빈도와 납품횟수의 감축, 수송시간의 연장 등을 실시하고 있는가?

사례   스미킨 물산

스미킨 물산은 중국에서 생산된 제품을 일본으로 수입하여 실시하던 제품검사를 중국 측의 물류거점에서 실시하여, 현지 수출시점에서 화물의 최종 목적지인 점포에서 요구하는 포장형태로 바꿀 수 있게 되었다. 일본에서는 최종 소비지인 점포의 소재지를 고려한 수입항의 최적선택이 가능해지고 국내 운송거리의 단축이 실현되었다. 또한 화주사업자와 의류사업자 사이에 발주수량, 납품처, 납기 등 기초적인 정보 외에 최종납품 점포나 납품일자 등 상세한 정보를 공유, 협의함으로써 이산화탄소 배출량과 물류비의 관점에서 최적의 운송경로를 선택할 수 있게 되었다.

그 결과, 이산화탄소 총배출량을 31.78%로 대폭 저감하고 물류비도 2.76% 줄어드는 등의 성과를 거두었다.

실천활동 [2] 거래처와의 협의를 통해 수송량이 특정시간에 몰리지 않도록 유도하고 있는가?
    [3] 입출하작업 시간을 정각화하여 화물차의 대기시간을 단축하고 있는가?

핵심활동 7   반품 · 회수의 합리화

실천활동 : 반품억제를 위하여 반품물류비의 유료화 매매 계약의 재검토 등 대책을 실시하고 있는가?

핵심활동 8   타사와 협력

실천활동 [1] 그린물류 추진을 위해 그룹기업, 거래처, 동종타기업과 공동으로 활동을 진행하고 있는가?

사례   HONDA

CO_2 배출량저감 목표 대상이 되는 거래선 32사에게 다양한 삭감 시책을 실시한 결과 2008년은 2000년도 비하여 원단위 6.4%저감이 이루어졌다. 2008년도는 연도후반부터 세계적인 경제쇠퇴의 영향으로 가동률이 줄어 거래선 32사의 전 생산사업에 있어서 비 가동시에 운전하고 있는 설비의 세척을 하는 등 전력사용량 삭감을 위하여 철저한 활동을 실시하였다.

<표 20> 연차 목표와 실적 요약

2008년도 주요 목표	2008년도 주요실적
● 땜납의 삭감을 추진 ● 거래선 CO_2 배출량 저감 ● 거래선 매립 제로화 계속 ● 거래선 폐기물발생량원단위 1.1%저감 ● 거래선 물 사용량 원단위 저감 ● ISO14001미취득 거래선에 대하여 대체 인증도를 포함한 취득추진	● 일부부품에 대해서는 이미 땜납 클린화 완료 ● 거래선 매립 제로화의 계속 ● 거래선 폐기물발생원단위 1.5%저감(2007년도비) ● 거래선의 물 사용량 원단위 6.4% 증가(2007년도비) ● 관리대상 전사 인증 취득완료

주: 대상거래기업 32개사

 BGF 리테일

■ 파트너사 녹색물류 추진전략 공유

성공적인 녹색물류 추진을 위해 파트너사를 대상으로 지속적인 녹색물류 추진전략 공유진행. 전국 물류법인(22개)의 대표자 및 실무자를 대상으로 격월로 녹색물류 추진전략에 대한 공유를 진행하고 있으며, 운송파트너사(37개사) 관리자에게 녹색물류의 필요성 및 당사 추진전략에 대한 공유를 통해 관심과 참여를 독려한 결과 숯운송파트너사는 교통안전공단과 에코드라이브 협약을 체결하였다. 녹색물류 실현을 위해 2013년 3월 25일 교통안전교육센터에서 에코리더 과정을 이수했으며 교육과정에서 BGF리테일은 최고의 연비 개선율(13.8%)을 기록하였다. 또한 이를 바탕으로 전국의 배송 SM들에게 전파교육을 실시하였다.

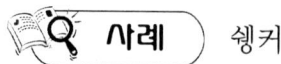 쉥커

■ 에코 트랜짓월드 프로젝트

유로존 국가의 7개 물류관련 업체가 컨소시엄을 이루어 그린 로지스틱스 사업을 진행하고 있는 프로젝트로서 쉥커는 이 프로젝트의 일원으로서 물류 분야의 이산화탄소 감축에 앞장서고 있다. 「에코 트랜짓월드」는 이산화탄소 감축선정

방법의 보편화에 대한 문제의식에서 출발하여 EU 수준에서의 표준화를 골자로 하는 환경 자구책을 마련했고, 이러한 공로를 유럽위원회에서 인정받아 현재 CO_2배기량 산정방식이 에코 트랜짓월드가 구축한 방법으로 통용되고 있다. 이산화탄소 산정방식은 교통수단별로 혹은 연료별로도 동일한 기준으로 적용될 수 있는 시스템임은 물론, 네비게이션 프로그램이 탑재되어 있어 교통수단간 네트워크 접목기능 및 실제 사용면에서의 과학적인 효율성을 자랑한다.

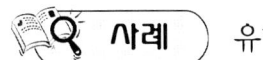 유한킴벌리 (지속가능보고서 2014년)

■ 공동물류센터 프로젝트

2014년 5월 대리점과의 동반성장을 목표로「함께하는 유한킴벌리와 대리점, 미래를 향한 희망의 공동물류센터」를 경기도 남양주시 별내동에 오픈했다. 공동물류센터는 운영재고 및 물류비용이 최적화 될 수 있도록 공동창고를 구축하고 배송 프로세스를 개발하여 시행함으로써 유한킴벌리와 대리점의 동반성장을 이끌게 된다. 이번에 설치된 공동물류센터는 업계 최초의 제조업체와 대리점의 공동물류센터 모델로 이를 통해 대리점은 공동재고 운영 및 공동배송 등 영업과 물류차원의 대리점간 협업에 기여할 것이다.

[그림 60] 공동물류센터 물류흐름도

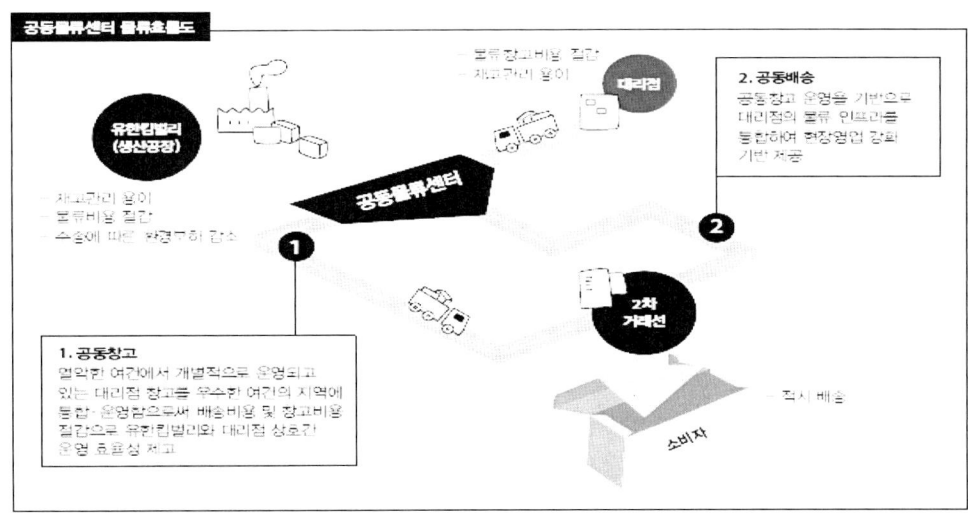

사례 1 삼성전자 (지속가능경영보고서 2009년, 2014년)

■ 에코파트너 인증제도(친환경 소재)

에코파트너 인증제도 운영으로 협력회사로부터 유해물질이 전혀 함유되지 않은 부품을 공급받고 있으며 바이오 플라스틱, 생분해성비닐 등 친환경 소재를 발굴해 제품에 적용하고 있다.

[그림 63] 에코파트너 인증현황 2009년   [그림 64] 친환경 소재 적용제품 개발
[그림 61] 친환경 소재

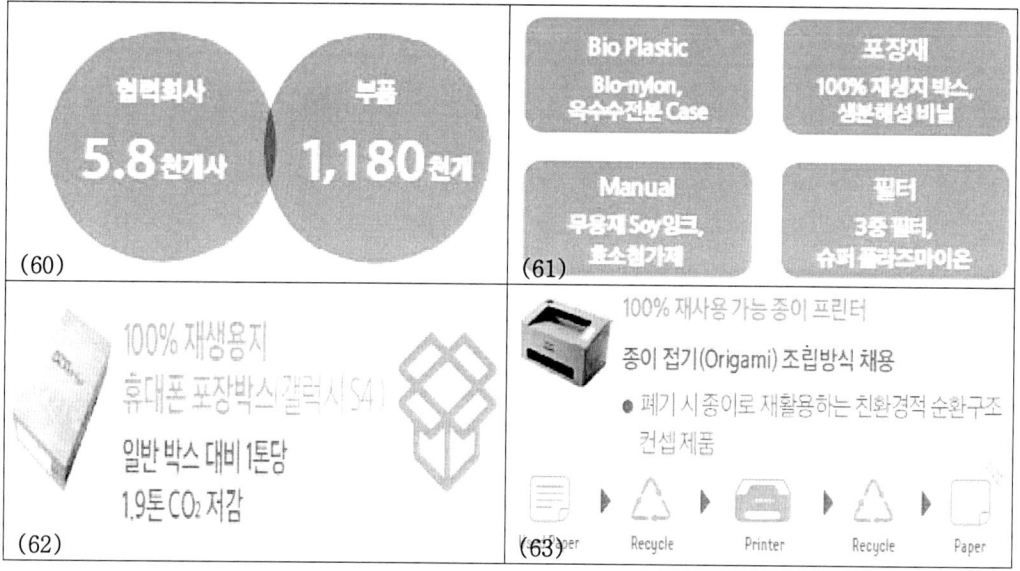

■ 공급망 제품 화학물질 관리

삼성전자는 에코파트너(Eco-Partner) 인증을 통해 협력사의 부품, 원료의 유해물질 검증뿐만 아니라 생산공정에서의 환경품질 관리체계까지 평가하고 있다. 유해물질 및 환경품질 관리체계 기준에 부합한 협력사는 에코파트너 인증을 받을 수 있으며 삼성전자와 거래가 가능하며 협력사 공급부품 위험도에 따라 현장평가 또는 자가평가를 통해 매년 재인증을 시행하고 있다. 2009년 에코파트너 인증을 효율적으로 운영하기 위해 글로벌 전 협력사의 부품 및 원재료 내 환경규

제 물질 관리를 위한 IT시스템인 E-CIMS(Environmental-Chemicals Integrated Management System)를 구축해 운영하고 있다.

[그림 62] 에코파트너 인증 프로세스 2009년

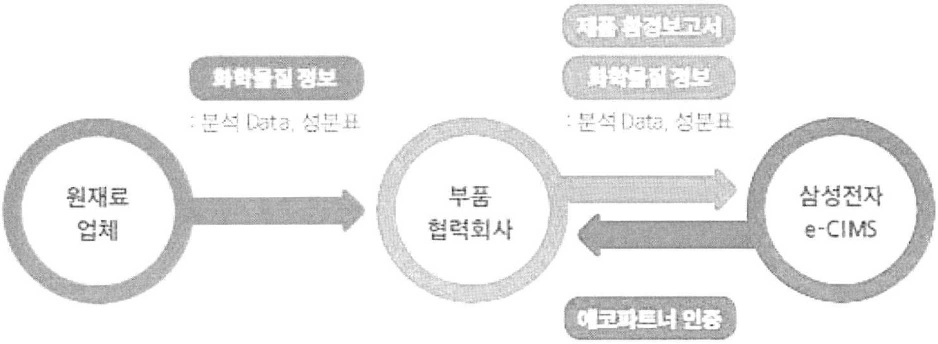

■ 협력회사 녹생경영 지원

삼성전자는 녹색파트너십의 일환으로 협력사의 녹색경영 체계 구축을 위해 협력사 환경경영시스템 (EMS) 구축을 지원하고 있다. 2013년 4월 기준 삼성전자가 거래하는 약 3,500여개의 협력회사 중 587개의 협력회사가 ISO 14001 인증을 취득하여 체계적인 환경경영을 추진하고 있다. 1981년 발족한 협성회(협력회사 협의회)에서는 각 분기별로 임원단 회의와 업종 분과 회의를 통해 업계 정보를 교환하고 협력회사의 녹색경영 실천 등 혁신적인 경영활동을 독려하고 있다. 한편 삼성전자는 환경 유해물질 통합 관리시스템인 e-CIMS(Environmental Chemicals Integrated Management System)를 통해 구매단계에서 협력회사의 환경경영시스템 (EMS) 인증여부 및 부품의 유해물질 함유 여부를 파악하고 있으며 이를 통해 협력회사에 체계적인 환경경영 프로세스를 적용하고 제품 내 유해물질이 포함되지 않도록 철저하게 관리하고 있다.

〈표 21〉 협력회사 EMS(ISO 14001) 인증 현황 2014년

지역	국내	중국	아시아	기타	합계
인증업체 수	207	174	141	65	587

실천활동 [2] 물류관련 협력사(용차 포함)를 대상으로 그린물류에 대한 교육을 실시하고 있는가?

사례 1   TNT (네덜란드 물류기업) (TNT 홈페이지)

협력회사는 2009년 기준으로 TNT의 이산화탄소배출량의 62%를 점유함으로 TNT에서 적용하고 있는 차량 청결 운동 등 주요 정책들을 협력회사에서도 적용하도록 교육하고, 지도한다. 또한 "Drive Me Challenge"라는 프로그램을 통하여 운전 및 화물 취급 경연대회를 개최하여 운전기사를 참여시키고, 교육하면서 연료효율제고, 도로 교통사고 감소, 서비스 제공능력 향상 등의 효과를 가져왔다.

[그림 63] 2009년 Drive Me Challenge (Press Release)

사례   삼성전자 (지속가능경영보고서 2014년)

■ 협력사 안전 교육 및 평가제도 운영

◇ 협력사 환경안전 역량 강화
협력사는 삼성전자의 동반자라는 인식 하에 협력사의 환경안전 사고 예방을 위하여 환경안전 진단을 실시하고 발굴된 위험요소에 대해서는 개선활동이 이루어질 수 있도록 지원하고 있다. 삼성전자와 처음 거래하는 신규 협력사에 대해서도 환경안전 평가를 강화하여 문제점을 조기에 파악하고 개선할 수 있도록 유도해 나아가고 있다.

◇ 협력사 환경안전 Workshop 개최

협력사의 환경안전 수준을 제고하고 환경안전을 기업의 핵심가치로 인식할 수 있도록 IM, CE, DS 부문의 협력사 대표가 참석한 가운데 환경안전 Workshop을 개최했다. 협력사 환경안전 Workshop에서는 삼성전자의 환경, 안전, 소방 부문의 우수관리 기법을 공유함으로써 협력사 대표들이 환경안전 관리에 대한 중요성을 인식할 수 있게 되었으며, 환경안전 관리가 단순히 비용 문제가 아닌 기업경영의 핵심가치임을 설명했다. 또한, 협력사가 환경안전을 경영의 최우선 가치로 반영해 나갈 수 있도록 적극 지원할 것을 약속하였다.

[그림 64] 협력사, 환경안전 Workshop 활동

| IM부문 협력사대표 W/S 베트남 | 친환경안전 제조공정 소개 | CE부문 협력사대표 W/S 광주사업장 | 환경시설 관리방법 공유 |

◇ 협력사 환경안전 평가제도 운영

협력사 환경안전 관리수준 향상을 위해 환경안전 자가 평가 Sheet를 제작, 협력사에 배포하여 협력사 스스로 문제점을 발굴하고 개선할 수 있도록 지원하고 있으며 검증이 필요한 중점관리 협력사에 대해서는 환경안전 전문가를 파견하여 문제점을 발굴하고 개선하도록 지도하고 있다. 점검 결과 기준에 미달하였거나 또는 환경안전에 중대한 영향을 미칠 수 있는 필수항목을 준수하지 못한 협력사에 대해서는 개선을 촉구하고 개선이 미진할 시 거래에 제한을 두는 정책을 운영 중에 있다.

[그림 65] 신규 협력사 환경안전 부문 평가강화

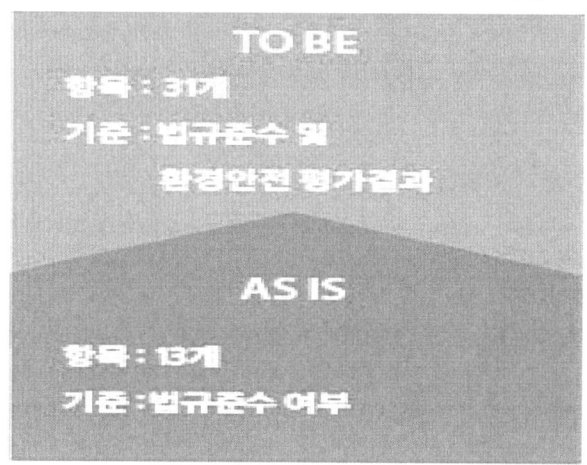

〈표 22〉 환경안전 평가 리스트

분류	평가항목
안전보건	안전 장치, 보호구, 작업환경, 건강검진 등
방재	소방시설, 피난시설, 구조장비 등
환경	인허가, 오염저감, 유해물질/폐기물 관리
전기/UT	변압기 분전반 관리, 차단기·접지 상태 등

원칙 3. 공동화, 표준화

핵심활동 1 — 정보화

실천활동 : 실수요적응체제의 구축 및 수요예측정확도의 향상을 통해 불필요한 재고, 수송, 생산을 줄이고 있는가?

사례 현대모비스 (지속가능경영보고서 2010년)

■ 동시생산방식을 통한 모듈 공급

'고객의 다양한 요구를 반영한 제품과 서비스의 신속한 전달'이라는 측면에서 현대모비스는 고객인 완성차업체가 요구하는 다양한 종류의 모듈을 순차적으로 공급해주는 동시생산방식(Just In Sequence)을 따른다. 이는 다양한 요구사항이 반영된 생산 순서(서열) 정보를 완성차업체로부터 동시에 전달받아 필요한 모듈 생산을 순차적으로 시작하고, 그렇게 완성된 모듈이 완성차 생산공정 상에서 필요한 시점과 위치에 공급하는 생산방식을 말한다.

[그림 66] 동시생산방식

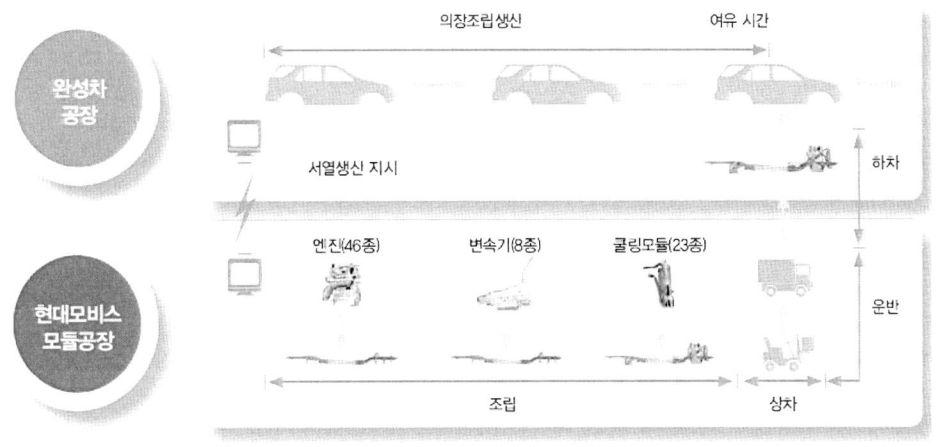

그렇기 때문에 동시생산방식에서는 모듈공장의 위치가 관건이다. 완성차공장 근방에 모듈공장이 위치해야 '조립→상차→운반→하차'에 이르는 공급과정이 고객이 요구하는 시간(리드타임)내에 완료 가능하다. 따라서 고객 요구사항에 언제나 신속히 대응할 수 있도록 현대모비스는 완성차 생산공장 근방에 모듈생산 거점을 구축하고 있다.

사례) 삼성테스코 함안물류센터

삼성테스코는 결품을 최소화하고 발주정확성을 높이기 위해 함안센터에 수요예측 및 자동발주 시스템을 도입한다. 삼성테스코는 지난해 forecasting이 강화된 리텍의 SCM시스템을 구축한 바 있다. 이 시스템은 9개의 발주 모듈을 바탕으로 단품마다 어떤 알고리즘이 적합한가를 모색해 최적의 알고리즘을 찾아 발주하기 때문에 정확성이 뛰어난 것이 특징이다. 함안센터 역시 이 시스템을 바탕으로 신선식품을 상품군별로 나눠 납품업체에 자동발주하게 된다.

자동발주시 상품의 포장단위 및 입수표준화가 가장 중요한 전제이지만, 신선식품의 대부분을 차지하는 농수축산물의 경우, 포장단위 및 입수가 표준화 되어 있지 않은 경우가 대부분이다. 이에 따라 삼성테스코는 이미 지난해부터 KCP와 공동으로 기본 입고 단위인 트레이 및 돌리의 디자인을 개발하는 등 포장 단위와 입수 표준화 등의 신선식품 표준화를 진행해 왔다.

협력업체의 납품률과 정시도착률도 점포 결품과 직결돼 있는 문제이기 때문에 집중적으로 관리할 방침이다. 또한 함안센터에 구축되는 물류정보시스템은 RDM(Reta Distribution Management)으로, 목천센터에서 사용중인 WMS보다 한단계 업그레이드된 버전의 시스템이다.

핵심활동 2 유닛로드 · 스펙사이즈의 표준화

실천활동 [1] 표준물류 EDI를 이용하여 배송전표를 전자화하고 있는가?

 사례 기아자동차 (지속가능경영보고서 2013년)

■ 첨단화, 통합화, 대형화

기존의 조달물류 영역은 수많은 협력사에서 필요 시마다 개별적으로 차량을 이용해 부품을 납품해왔기 때문에 공장별로 매일 1,500~3,000회에 이르는 부품 조달차량의 운송이 이루어지곤 했다. 또 국내 교통상황상 철도, 해운에 비해 에너지 사용량과 CO_2 배출량이 많은 도로를 이용할 수 밖에 없었기 때문에 환경 영향도 많이 발생하고, 비용과 시간의 소모도 많았다. 기아자동차는 물류 체계의 재정비를 통해 기존 시스템에서 많은 부분을 개선할 수 있으리라는 생각으로 정과 지원하영향도아자동차와 협력사 간 상생 차원의 물류협업을 위많이'부품물류 통합시스템'을 구축해 왔다. 국내 공장과 협력사에 RFID시스템을 구축해 부품 납입시간과 필요물량 정보를 협력사에 제공하고, 운송차량의 위치를 파악하는 방법으로 꼭 필요한 부품만 필요한 시간에 조달되도록 체계를 개선했다. RFID 시스템을 이용하면 차량 천장에 부착한 RFID 태그를 통해 차량이 각 공정에 설치된 안테나를 통과할 때마다 차량 정보와 부품 사용량을 실시간으로 시간할 수 있고 입·출하 정보의 수집도 언제든 가능하다. 현재 기아자동차 국내 모든 공장에 RFID 기반의 생산물류시스템(e-JIT)이 구축 완료 되었으며, 소하리 공장과 화성공장의 경우 자동입하 시스템을 구축해 운영하고 있다.

또한 부품협력사와 공동으로 개발한 통합자재정보시스템을 통해 205개 협력사와 부품물류 정보를 실시간으로 공유하고 있으며, 소하리공장 및 화성공장 인근에 추가로 물류센터를 구축해 공동 순회 운송을 실시하고 운송차량을 대형화해 적재율을 높이는 방식으로 운송횟수를 감소시킬 계획이다.

[그림 67] 부품 공급관리 방식 개선

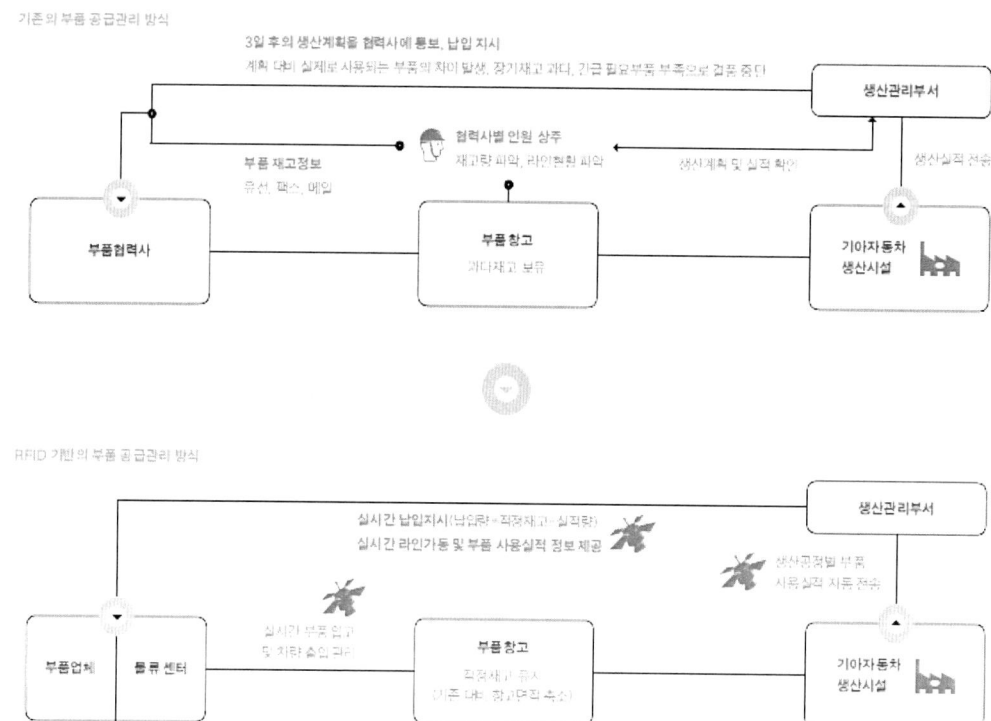

실천활동 [2] 표준수송라벨을 사용하고 있는가?
         [3] 유닛로드시스템을 도입하고 있는가?

핵심활동 3 공동수배송

실천활동 [1] 수배송 횟수의 삭감과 적재율 향상을 위하여 공동수배송을 실시하
         고 있는가?

 일본 기업

일본 국토교통성의 "친환경 물류체계 구축을 위한 실증 실험"에서 선정된 사업으로 물류시스템 구축에 종사하는 8개 기업은 "랙을 이용한 관동·간사이간 트

럭운송 효율 실증 실험"을 실시하였다. 이 사업은 도쿄 ~ 오사카 사이 4ton 차량으로 개별 운송한 화물을 15ton차량으로 공동 운송하여 차량대수 절감을 시도한 것이다. 관동과 관서 각각에 물류 거점을 설치하고 거점 사이의 운송을 15ton 차로 운송한 결과, CO_2 배출 저감량은 1,391.2ton-CO_2 /년 삭감 비율은 38.2%로 조사되었다.

 사례) 일본통운, 전국통운, 일본 화물철도, 전국통운연맹(JR화물 홈페이지)

■ 슈퍼그린셔틀열차

JR화물 및 철도이용 운송업계의 협력으로 물류의 대동맥인 2개 대도시권간 (도쿄↔오사카)에 새로운 방식인 31ft 컨테이너용 "슈퍼그린셔틀열차"를 운행한다. 물류의 대동맥에 새로운 수송력 및 편리성을 높이는 것과 동시에 물류의 그린화를 통해 다수의 하주기업이나 트럭사업자의 이용이 가능하도록 하였다. 31ft 윙 컨테이너를 철도 운송업계가 일괄로 준비해 업계 공유의 컨테이너로서 공동운용 방식을 조립하고 하주기업 등 각사 누구라도 철도로 이용 가능할 수 있도록 시스템을 구축하였다.

하루 왕복 40개의 31ft 컨테이너를 운행하며, 연간 CO_2 삭감량이 7,060.96t-CO_2 에 이른다.

[그림 68] 슈퍼그린 셔틀열차 (Top – English – Ecology)

 농협물류

■ 전문 농산물 수확작업 대행

농협유통의 화물 취급장은 오후 22:00전까지는 유휴상태이다. 이러한 유휴시설을 이용하여 대형유통업체인 이마트, 롯데마트, 홈플러스, GS마트의 하역을 대행한다.

실천활동 [2] 거래처로의 배송시에 타사와 공동배송으로 적재율을 높이고 있는가?
        [3] 조달물류에 있어서 milk-run delivery 방식을 이용하고 있는가?

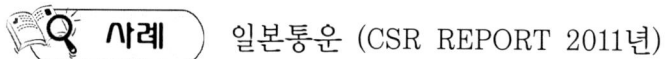 일본통운 (CSR REPORT 2011년)

정시 다이어에 의거하고, 후속 공정으로부터의 인수 수송을 실시하는 것으로, 계획적·효율적인 조달 물류를 실현한다. 우유 메이커가 원료가 되는 생유를 조달하기 위해서, 각 목장을 순회해 집하하는 것부터 이름이 붙여진 수송 방식이다.

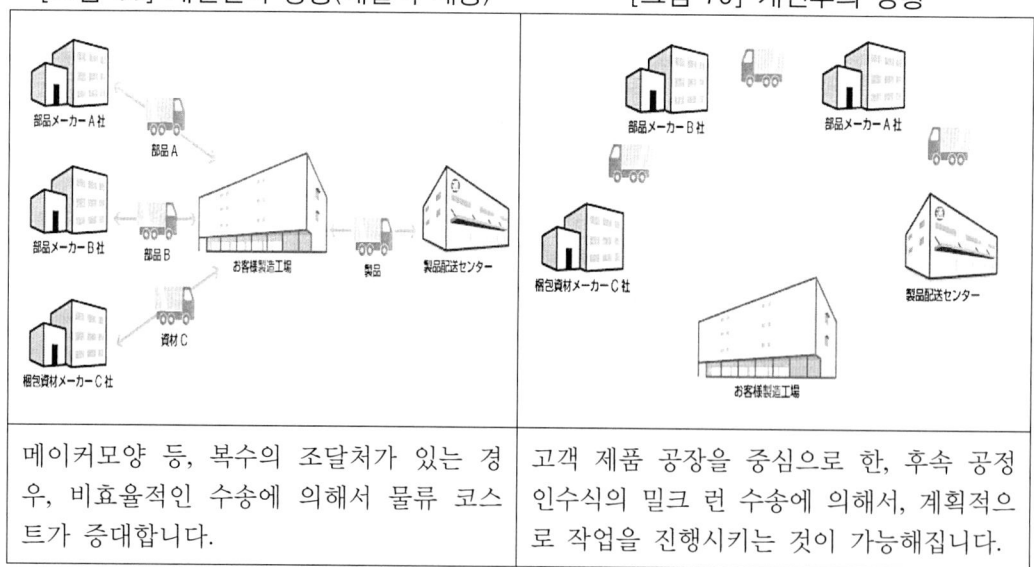

[그림 69] 개선전의 상황(개별적 배송)	[그림 70] 개선후의 상황
메이커모양 등, 복수의 조달처가 있는 경우, 비효율적인 수송에 의해서 물류 코스트가 증대합니다.	고객 제품 공장을 중심으로 한, 후속 공정 인수식의 밀크 런 수송에 의해서, 계획적으로 작업을 진행시키는 것이 가능해집니다.

핵심활동 4 　 보관시설 공동화

실천활동 : 물류센터(물류창고)를 타사와 공동으로 이용하고 있는가?

사례) 삼영물류

대부분이 중소규모인 우리나라 도소매 업체들은 개별적으로 물류를 개선하기 힘든 상황이므로 공동물류를 통하여 도소매업의 물류를 효율화 하여야 한다.
삼영물류는 중소기업 밀집지역인 남동공단을 중심으로 물류공동화 및 정보화를 촉진하기 위해 남동공단에 공동물류센터 (15,000㎡의 부지에 지상 2층, 연면적 1만 3,900㎡) 위탁 사업자로 선정되었고 파로마가구 외 12개 업체와 공동물류를 실시하고 있다.

사례) BGF리테일

■ 공동물류센터 운영을 통한 중소기업 물류기능 지원

2009년부터 자사에 상품을 공급하는 중소기업의 물류비 부담을 줄이기 위해 공동물류센터를 운영하였으며 중소기업은 자사가 생산한 상품을 공동물류센터(1개소)에 입고시키면 BGF리테일의 공동물류 배송차량을 활용해 BGF리테일 전국 22개 센터에 납품 대행을 진행한다. 이를 통해 중소기업은 물류비 부담을 완화할 수 있으며, 전체 SCM과정에서 발생되는 에너지사용량과 탄소배출량을 감축할 수 있다.

사례) Sharp Electronics Corporation (Sharp Sustainability Report 2014년)

■ 내륙 컨테이너 터미널 이용

일반적으로 수출을 할 때는 상품을 운송하는 데 사용된 컨테이너를 항구에서 빈 채로 가지고 돌아와야 하고, 수입을 할 때는 상품을 받는 데 필요한 빈 컨테이너를 항구로 가지고 가야 한다. 샤프 사는 이렇게 낭비되는 컨테이너 이동을 막기 위해 다른 21개 회사들과 내륙 컨테이너 터미널을 공동 사용하기로 결정하였으며 내륙 컨테이너 터미널이 빈 컨테이너를 공동으로 보관함으로써 빈 컨테이너로 이동해야 하는 거리가 대폭 감소되고 이산화탄소 배출량도 절감할 수 있게 되었다. 샤프 사와 21개 회사는 이러한 내륙 컨테이너 터미널의 효용성을 인정받아, 일본 물류 시스템 연구소, 경제 산업성(METI), 국토 교통성(MLIT) 및 기타 기관이 이산화탄소 절감을 위해 만든 「녹색 물류 파트너십 컨퍼런스」로부터 2013년 경제 산업성(METI) 장관상을 수상하였다.

[그림 71]
Conventional container transport & Transport via Inland Container terminal

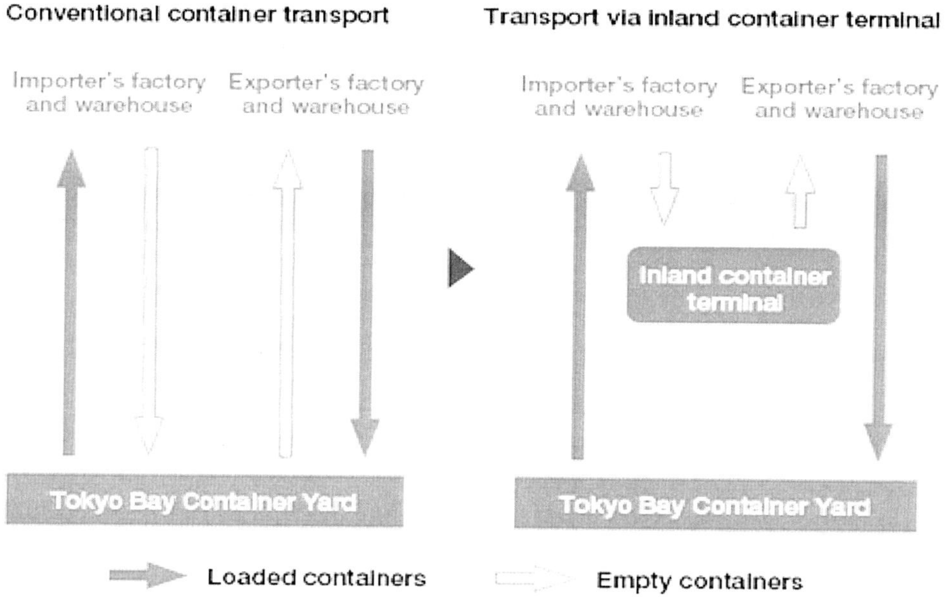

원칙 4. 운영시스템 최적화

핵심활동 4.1 수배송의 재검토 ▶ 4.1.1 수배송계획 재검토

실천활동 [1] 수송량, 수송거리, 수송시간 등을 감안하여 환경부하가 적은 수송 수단으로의 전환을 실시하고 있는가?

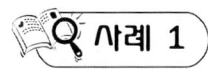 다이셀 물류, 다이셀 화학공업, 진미상회, 이모토 장사운, 이모토 선박, 하마다 등

(일본통운 홈페이지)

공장 이전에 의해 그물 말라 공장-오오타케 공장(히로시마현 오타케시), 그리고 오오타케 공장-코베항으로 수송 흐름이 바뀌어 수송거리가 큰 폭으로 증가 하였다. 따라서 국내수송을 종래의 트럭수송으로부터 내항 콘테이너선에 모달시프트 하는 것으로써 수송용 연료의 에너지를 절약하고 아울러 CO_2 배출량을 삭감하게 되었다. 액정 디스플레이의 중요소재이기도 한 초산셀로스의 제조가 종래 그물 말라 공장에 가세해 오오타케 공장에서도 개시되었던 것에 따라 수입 원료펄프의 국내수송에 대해서도 코베항-그물 말라 공장 및 코베항-오오타케 공장에의 내항선 수송에 모달시프트 하는 것으로써 한층 더 에너지를 절약하게 되었다. 그 효과로 연간 CO_2 삭감량이 3,320t-CO_2 에 이른다.

[그림 72] 모달시프트 (Corporate Social Responsibility - Modal Shirt)

> **사례** 일본통운, 일본 화물철도, 에히메음료, JA에히메 물류 (일본통운 홈페이지)

마츠야마와 도쿄 간 트럭에 의해 수송하고 있는 음료수송을 철도 컨테이너 수송 및 트레일러 샤시 해상운송이 RO-RO선을 이용하는 것으로서 철도와 해상을 병행한 효율이 좋은 왕복수송이며 이산화탄소 배출 삭감을 도모하고 있다. 종래의 트럭수송을 철도 및 내항 선박수송으로 전환하면서 CO_2 배출량과 에너지 사용량을 삭감하고, 왕복수송으로 인한 공차주행을 예방하여 CO_2 배출량과 에너지 사용량을 궁극적으로 삭감하였다. 연간 CO_2 삭감량이 24.1t-CO_2 에 이르며, 삭감률을 61.6%이다.

[그림 73] 모달시프트 사례 (Corporate Social Responsibility - Modal Shirt)

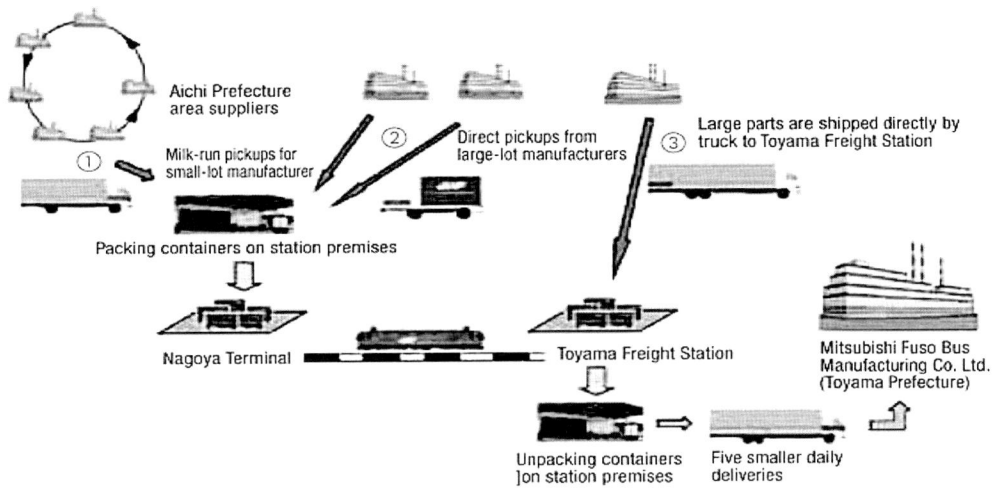

실천활동 [2] 배송물량에 따른 차종, 차량수, 배송루트, 배송횟수를 치밀하게 점검하여 배차계획에 반영하고 있는가?

 CJ GLS

■ 친환경 물류 통합 Visibility

수배송 차량 환경정보를 실시간으로 수집/모니터링 하여 환경위험요인을 최소화 하는 시스템을 말한다. 통합 수배송 관리(GPS, CDMA 기반 시스템)를 통해 경로 최적화, 적재효율 향상, 사고/고장 차량 신속조치, 탄소배출량 관리 등을 통해 이산화탄소 배출을 최소화 한다. 친환경 물류 통합 Visibility 시스템 구축을 통한 공회전 방지, 간선차량 대형화 등을 통해 탄소배출량 25%(4,200TCO_2/年) 절감을 목표로 추진 중이다.

핵심활동 4.1 › 수배송의 재검토 › 4.1.2 적재율 향상

실천활동 [1] 수송처/수송량에 따른 거점경유와 직송의 운영을 재검토하여 전체적인 수송효율을 향상시키고 있는가?

사례 현대 모비스 (지속가능경영보고서 2010년)

■ 거점화

현대모비스는 물류 및 유통단계에서 발생 가능한 온실가스를 최소화하기 위해 국내외 물류 거점을 통합 운영하고, 거점 간 수·배송 체계를 개선하여 물류 이동거리를 단축하고 있다. 또한, 부품창고에 재고 관리 최적화 시스템을 도입하고 사업장 내의 지게차와 에너지 동력 운반구의 동선을 단축해 온실가스 배출 저감을 실천하고 있다.

현대모비스는 국내외 모든 현대·기아 자동차 구매 고객에게 보수용 부품을 공급하기 위해 적재적소에 물류거점(물류센터, 부품사업소 및 부품센터)을 운영하고 있다. 2000년 초반 국내 65개로 운영되던 물류거점의 지속적인 개선을 통해, 2009년에는 33개 물류 거점으로 통합 운영, 운송 효율을 향상시켜 물류비용 절감과 더불어 분산된 사업장 및 운송과정에서의 온실가스 배출을 지속적으로 개선해 나가고 있다.

[그림 74] 유통 체계도

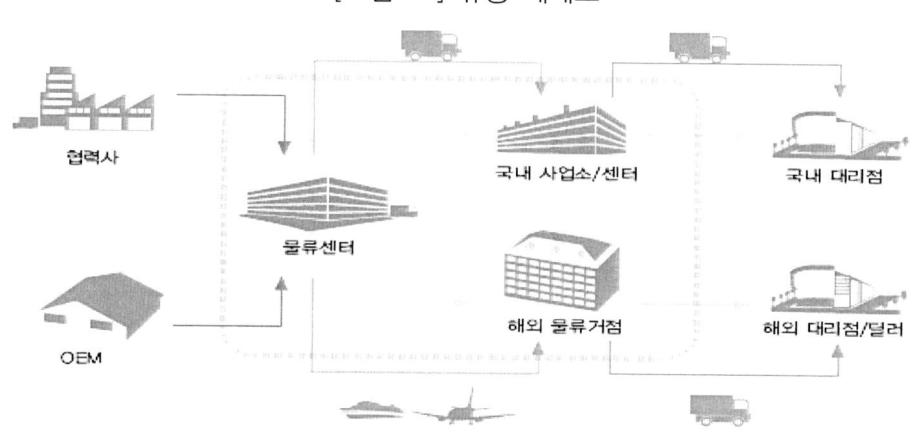

 사가와큐빈

■ 수송의 효율화

사가와큐빈은 수송 효율화를 위해 에도가와 센터, 중앙센터, 요코하마 영업소 등 6곳에 분산되어 있는 집하발송거점을 요코하마 동센터와 사가와 도쿄로지스틱스 센터 2곳으로 통합하였다. 이들 센터는 건물 내에 창고기능을 병설하고 있기 때문에 화물집하시의 차량이동거리를 단축시킬 수 있으며 집약효과에 따라서는 1일당 차량사용대수를 30대 정도 감소시킬 수 있다.

실천활동 [2] 트럭의 대형화 또는 트레일러화를 통해 운행편수를 줄이고 있는가?

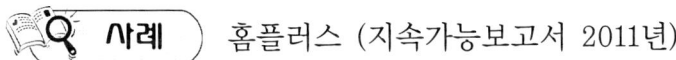 홈플러스 (지속가능보고서 2011년)

■ 트럭의 대형화 추진

홈플러스 물류서비스센터에서는 물류 효율의 극대화를 위해 트럭 대형화를 추진하고 있다. 평균 5톤 이하의 운송차량을 사용하는 국내의 타 대형 유통 할인매장과는 달리 8톤 이상 대형차량을 운행함으로써 전체 운행차량 대수를 줄이고 있으며, 이에 따라 유류비 절감, 환경오염 감소, 교통량 감소 등의 효과를 거두고 있다. 물류센터에서 점포 간 배송 시 13.716미터 길이의 트레일러를 주력으로 운행하고 있다. 특히 일부 구간에서는 국내 유일의 최장 차량인 드로바(Draw-Bar)를 도입하여 주력인 13.716미터 트레일러보다 상차율을 17% 높여 운송 효율을 제고하고 있으며, 상차율을 세계 최고수준인 98.2%까지 끌어올림으로써 물류 효율 극대화를 통한 에너지 절감형 물류 체계를 구축하였다.

[그림 75] 대형화 트럭

사례 POSCO

포스코는 CO_2 배출량을 2009년 22.2g/톤-km에서 2011년 15.2g/톤-km로 감축하는 것을 목표로 하고 있으며 그중 하나가 철강공단 내 대단중 육송차량 개발이다. 제품 단중 향상 및 적재량 증대를 통한 물류비 절감과 CO_2 감축을 위해 운송 적재량을 25톤에서 75톤으로 확대한다. 이를 통해 연 300억 원의 물류비 절감과 연 2만6천 톤의 CO_2 발생량이 절감된다.

사례 용마로지스

수송차량의 대형화로 11톤 윙바디 트럭(16개 파렛트 적재)을 25톤 더블데크 트럭(30개 파렛트 적재)으로 교체하였다. 기존에 용인백암에서 안성으로 11톤 4대가 운전 되던 것이 25톤 2대로, 안성에서 서부산/마산으로 11톤 5대가 운전되던 것이 25톤 2대, 11톤 2대로 감소하였다. 집하/간선수송차량 대형화 결과 물류비용은 15.6%(연간 85,248천원), 탄소배출량은 22.9%(연간 26.76tCO_2) 절감효과를 가져왔다.

실천활동 [3] 수송효율 향상을 위하여 정기적으로 납품조건에 대한 변경을 제안함으로써 개선을 도모하고 있는가?
실천활동 [4] 회송차량에 대한 화물 확보를 위하여 노력하고 있는가?

사례 DHL

Deutsche Post DHL의 경우 30%정도 공차 운행을 한다. 2008년 독일의 DHL Freight Euronet은 빈 스왑바디 차량을 재배치하고, 회귀물량을 유치하여 10%의 공차운행을 감소시켰다. 더 나아가 실시간 정보 교류하여 공차율을 감소하고 연간 공차 7,000대를 운행하게 하여 톤·km당 이산화탄소 배출량을 100g에서 70g으로 감축하였다.

스웨덴에서는 EU통합에 따라 국경선을 넘어 통합배차관리를 하였다. 6개월간의 실적을 보면 100톤의 이사화탄소절감과 동시에 30%의 원가를 절감하였다.

실천활동 [5] 수송 및 거래 단위가 작은 물량에 대해서 혼재수송을 실시함으로써 적재율을 높이는 노력을 하고 있는지를 평가한다.
실천활동 [6] 차량의 적재효율 향상을 위하여 적재방법을 개발 및 개선하고 있는가?

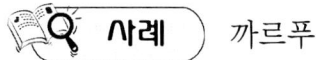 까르푸

■ 쌍둥이 덱(Twin-deck)
2010년 프랑스에서는 혼재터미널에서 매장으로 수송하는 하류수송 물량 중 10개의 하이퍼마켓으로 납품하는 물량을 대상으로 쌍둥이 덱 차량을 시범운영 했다. 쌍둥이 덱은 일반 덱 차량에 비하여 2배의 적재가 가능하여 차량의 운행횟수를 절반으로 줄여 이산화탄소 배출을 감소시킨다.

 IKEA (이케아)

■ KD방식
이케아의 '경험을 파는' 브랜드 컨셉과 직결되는 포장전략 중 하나는 KD방식이다. 이케아는 고객들이 집에서 직접 조립할 수 있도록 가구의 부품을 패키지 형태로 판매하고 있는데 이와 같이 물건을 부품별로 분해해서 운반하는 것을 KD(Knocked Down)방식이라고 한다. 부피가 큰 가구를 운반해야 하는 이케아의 경우, KD방식으로 가구를 운반할 시 차지하게 되는 물류공간이 6분의 1로 줄어들어 운송비용을 파격적으로 절감할 수 있게 되었으며 재고를 보관하는 비용도 대폭 줄어들게 되었다. 이 때문에 이케아는 65%에서 70%에 달하는 제품 포장을 KD방식으로 하고 있고, 소파와 같이 어쩔 수 없이 분해를 하지 못하는 품목에 한해서 SU(Stand-Up)방식을 취하고 있다.

| 핵심활동 4.1 | 수배송의 재검토 ▶ 4.1.3 점검 · 정비 · 안전 관리 |

실천활동 [1] 타이어 공기압의 측정 및 보충을 정기적으로 하고 있는가?

■ 교통안전공단 자료 (http://www.ts2020.kr)

타이어 공기압은 타이어에 가장 중요한 요소이다. 낮은 공기압은 타이어의 골조를 무너뜨리고 타이어 바깥쪽(shoulder)을 급속하게 마모시킨다. 변형은 타이어로부터 접지면이 분리될 수도 있는 단계로, 온도를 증가시킨다. 낮은 공기압은 운행 안정성에도 부정적인 영향을 미친다. 또한, 공기압이 너무 낮을 때, 타이어는 구름저항에 부정적인 영향을 주고 도로의 최적접지를 유지할 수 없다. 타이어 공기압이 너무 높으면, 타이어의 중간부분이 마모되고 도로접지가 불량해진다. 이것은 또한 스프링과 댐퍼의 과부하를 이끌고 승차감과 안전성에 영향을 미친다.

[그림 76] 타이어 공기압

너무 낮은 공기압	올바른 공기압	너무 높은 공기압
- 접지면이 변형됨 - 온도 급증 - 골조가 무너질 수 있음 - 급속하고 고르지 못한 마모 - 불량한 운행 안정성	- 도로표면과 부족한 접지 - 충격의 위험 - 스프링과 댐퍼가 과부하	- 운행, 제동, 가로 방향력이 도로표면에 최적으로 이동 - 제동거리가 최대한으로 짧아짐 - 타이어 내구성이 최대

※출처 : VTL2002

지나치게 낮은 타이어 공기압은 높은 공기압일 때보다 더 많은 연료 소비를 유발한다. 차량의 모든 타이어의 압력이 15~20%로 너무 낮을 때 연료소비가 5~8% 증가한다. 게다가 타이어 공기압과 접지면의 깊이, 급격한 제동과 가속 등 공격적인 운전 스타일, 과부하, 부정확한 바퀴축 등의 요소들은 타이어 마모에 매우 큰 영향을 미친다.

경제운전을 하면 타이어가 급격하게 마모되지 않도록 하고 자주 교체하지 않아도 된다. 이것은 상당한 비용 감소를 이끈다.

[그림 77] 타이어 공기압 자동 조절장치

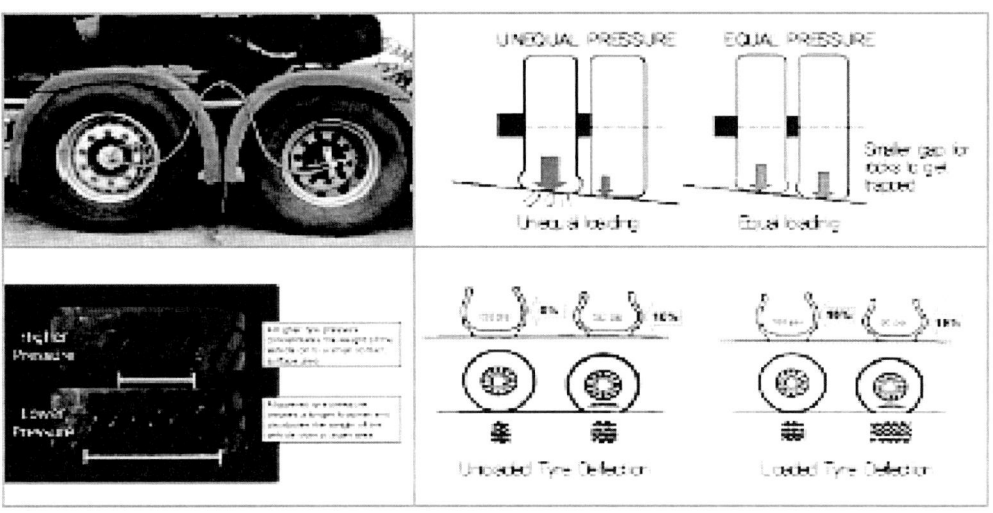

경제 운전을 하면 타이어의 수명은 60,000km에서 140,000km로 연장될 수 있다. 타이어 공기압을 잘 관리하기 위한 방법으로 자동 타이어 공기압 조절장치를 사용할 수도 있다. 자동 타이어 공기압 조절장치는 화물차에 장착되어 있는 공기압축기를 사용하여 하중과 차체 조건에 따라 최적 수준으로 공기압을 조절한다. 일반적인 자동차의 경우 타이어 공기압이 적은 상태에서 운행할 때 보다 CO_2 저감 효과가 약 7~8%가 된다.

공기역학적이 차체형태도 연료절감 효과를 볼 수 있다. 공기역학적 특징은 고속(80km/h이상)에서 정기적으로 운행하는 트럭에 가장 유용하다. 80km/h이상으로 운전이 잦다면 공기변류장치(Air deflectors)가 연료절감을 도와줄 수 있다. 공기변류장치는 비용대비 효과가 탁월하며 차량 운전대 윗부분 트럭 박스의 노출된 전면 또는 커튼 측면에 적합하다. 아래와 같이 운전대 지붕 변류장치, 측면 페어링, 차체패널을 포함하여 트럭에 적합한 공기역학적 특징이 있다.

[그림 78] 일반적인 공기역학적 특징

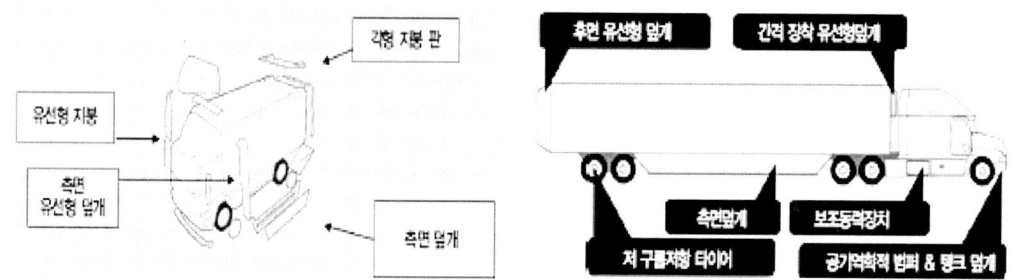

※출처 : 영국 교통부, Freight Best Practice : Quick Guide to Truck Aerodynamics

트럭의 연료효율성을 좋게 하기 위해서는 운전석과 짐칸 사이의 간격을 필요 이상 크게 하지 않고 공기 흐름을 방해하는 장식물을 제거하여 유선형으로 유지하는 것이 좋다. 또한 거치된 크레인이나 냉각장비 등과 같은 추가 장비는 연료를 더 소모시킬 수 있다.

예를 들어 트럭에 설계된 모터보다 너무 큰 냉각모터를 사용한다면, 엔진에 더 많은 부하가 걸리게 될 것이다. 트럭에 특별한 장비가 필요하다면, 엔진 용량이나 구조변경이 가능한지 판매자 및 수리용품 공급자, 관련 기관 등을 통해 살펴 두는 것이 좋다.

실천활동 [2] 에어필터의 점검, 청소, 교환을 정기적으로 하고 있는가?

 아시아나항공

연료 효율성을 높이기 위해 정기적인 항공기 엔진 세척을 실시하고 있으며, 엔진 내부의 압축기 공기흐름통로 이물질 제거를 실시중이다. 또한, 2008년 3월 롤스로이스사로부터 이동이 가능한 최신 엔진 세척장비를 도입해 항공기 엔진에 유입된 미세 오염물질 및 황사를 효과적으로 제거함으로써 엔진 효율 극대화가 가능해졌다. 이 장비는 1시간만의 세척시간으로 대기중이거나 운항 직전 항공기에도 사용이 가능하며 세척 중 사용된 물을 회수하고 정화하는 친 환경적 세척 시스템을 갖추고 있다. 엔진 세척을 통해 항공기의 압축기 효율과 엔진 출력을

최적상태로 유지하여 연료 절감은 물론 탄소 배출량을 줄여 환경보호에도 기여할 것으로 기대된다.

실천활동 [3] 배기가스의 농도를 정기적으로 점검하고 있는가?

핵심활동 4.1 수배송의 재검토 ▸ 4.1.4 에코드라이브 실시

실천활동 [1] 에코드라이브에 대한 매뉴얼 등을 활용하여 에코드라이브 활동을 실시하고 있는가?

사례) BGF 리테일

■ 국내 최초 화물차 연비왕 대회개최

2013년 7월 국내, 업계 최초로 당사에 소속된 배송기사를 대상으로 하는 화물차 연비왕 대회를 개최하였다. 이는 배송기사들에게 연비향상을 위한 에코드라이브에 대한 중요성을 모두가 함께 인식하기 위한 것으로 행사 참가는 숨물류센터(22개)에서 연비실적이 가장 우수한 배송기사를 선발하였으며 상온과 저온 각 2개 그룹으로 진행하였다.

사례) TNT

■ 차량 내장용 컴퓨터 기술 개발

TNT는 연료 효율을 계산하고 운전자들에게 운전 스타일에 대한 정보를 제공하는 차량 내장용 컴퓨터기술을 개발하였다. 이러한 혁신기술은 최근 파일럿 조사결과에서 연료와 이산화탄소의 효율을 10~15% 증대시키는 것으로 나타났다.

■ 에코 드라이빙 교육

TNT는 운전자들과 관리자들에게 에코 드라이빙 교육 프로그램인 「드라이브 미

챌린지(Drive Me Challenge)」를 실시하고 있다. 일종의 운송 콘테스트로, 60km/h 이내의 속도에서 최대한 신속하게 최소한의 연료로 물품을 운송하는 팀에게 수상하는 방식으로 진행되는 프로그램이다.

 사가와 큐빈

■ 영업점

고객 하물의 대부분은 영업점의 영업드라이버에 따라서 집하/배달이 이루어진다. 트럭은 배송지역별로 할당되어 담당영업 드라이버는 출근하면 매일아침 트럭을 점검 한다. 교통사고를 미연에 방지하기 위해서는 드라이브의 테크닉 향상과 동시에 일상의 차량점검이 필요하다. 에코안전드라이브 7개조를 제정하고 안전, 환경, 코스트삭감을 배려한 운전을 실시하고 있다. 그 하나가 아이들링스톱이다. 드라이버는 키 체인을 장착하고 트럭으로부터 이석 할때는 반드시 key를 제거하도록 의무화하고 있다[그림 85]. 예를들어 1일 2시간 아이들링스톱을 전 차량에 실시하면 1년간(300일환산) 약 3만톤 CO_2 배출삭감으로 연결되고 연료비는 약 13.7억원 절감할 수 있다.(450명이 일하는 점포 기준)

[그림 79] 트럭의 일상점검	[그림 80] 아이들링 스톱
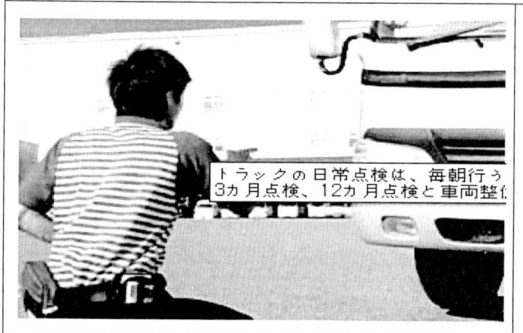	
트럭의 일상점검은 매일 아침에 한다. 그 외에도 3개월 점검, 12개월 점검과 차량정비는 철저하게 하고 있다.	키를 빼는데 따른 아이들링 스톱은 1997년부터 실시, 키를 빼지 않으면 운전석을 이탈하지 않게 되어있다.

실천활동 [2] 운행기록계(타코메타) 등을 활용하여 에코드라이브에 대한 점검 및 지도를 실시하고 있는가?

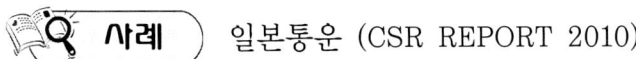 일본통운 (CSR REPORT 2010)

디지털식 운행기록계의 도입에 따라 전사통일항목의 운행실적 데이터가 인터넷을 매개로 운행관리시스템의 서버에 축적되고 각 사업소, 각 지점 및 본사에서 연비와 아이들링 상황등의 객관적 데이터를 공유할수 있도록 되어 있다. 시스템에 따라 속도초과, 급가속, 급감속, 아이들링시간 및 엔진회전 오버등 에코드라이브에 관한 항목을 차량별로 계측하는 것이 가능해졌다. 미리 설정된 수치를 초과한 경우 발생일시, 장소등의 데이터가 카드에 기록되고 운행종류호의 장표 출력에 따라 운행관리자로부터 드라이브에 대하여 가능한 세밀하게 지도할 수 있다. 이 같은 매일매일의 운행지도, 감독을 축적한 것은 연비향상과 동시에 안전운행이라는 면에서 도움이 된다.

[그림 81] 안전운행 확인서

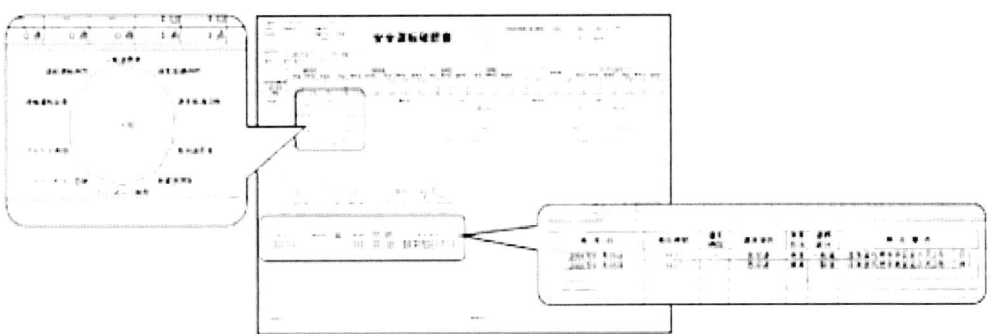

[그림 82] 디지털식 운행기록계를 이용한 운행관리 시스템

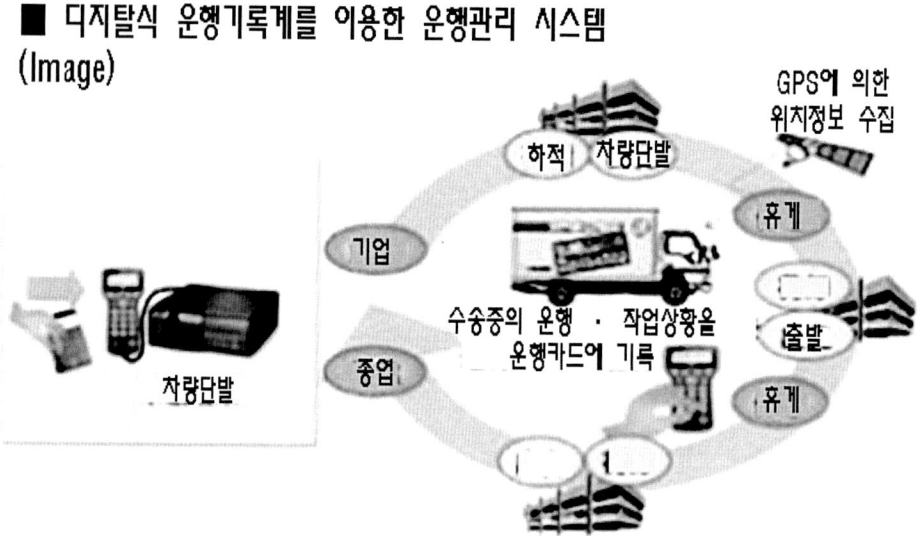

핵심활동 4.1   수배송의 재검토 ▶ 4.1.5 저공해차 도입

실천활동 [1] 클린에너지 자동차를 사용하고 있는가?

 사가와 큐빈

사가와 큐빈은 Climate Saves Program을 WWF와 협동하여 추진중에 있다. 2012년 까지 CO_2 총배출량을 2002년도비로 6%삭감한다는 목표를 제시하였다. 감축목표는 6%이지만 영업점 확대에 의한 증가량을 고려하면 실질적으로 약 14% 감축이 필요하다. 사가와 큐빈은 목표달성을 위하여 천연가스 트럭을 적극적으로 도입하고 다양한 대책을 실시하고 있다.

◇ 천연가스트럭 도입 확대
천연가스 트럭은 CO_2와 NOx 배출량이 적고 SOx와 PM은 전혀 배출하지 않기 때문에 트럭분야에 있어서 가장 클린한 자동차로 주목받고 있다. 사가와 큐빈은

2014년 3월, 3,981대(SG홀딩스그룹 전체에서 4,002대)의 천연가스 트럭을 보유하여 트럭부문에서 보유대수 세계 1위로 인정받았다.

[그림 83]천연가스트럭 과 디젤트럭의 Co2 배출량 비교

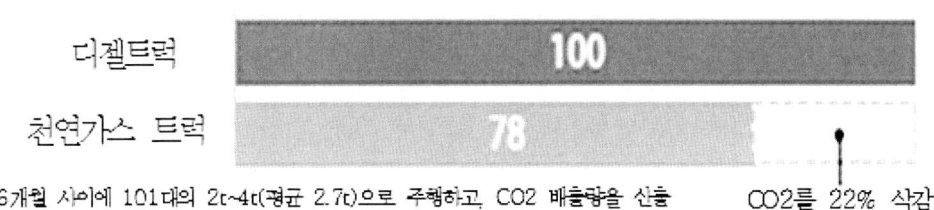

◇ 저공해차 도입

사가와 큐빈은 단거리를 달리며 정차를 반복하는 택배사업의 차량운용에 있어서 연비가 좋은 저공해 차량의 연구, 검토에 따라 종래, 환경부하가 클 것으로 알려진 디젤차에 있어서도 연비기준과 배기가스 규제에 적합한 저공해차를 도입하는 등 상황에 유연하게 대응하면서 환경부하가 적은 차량의 도입을 추진하고 있다.

[그림 84] 저공해차 도입 추이

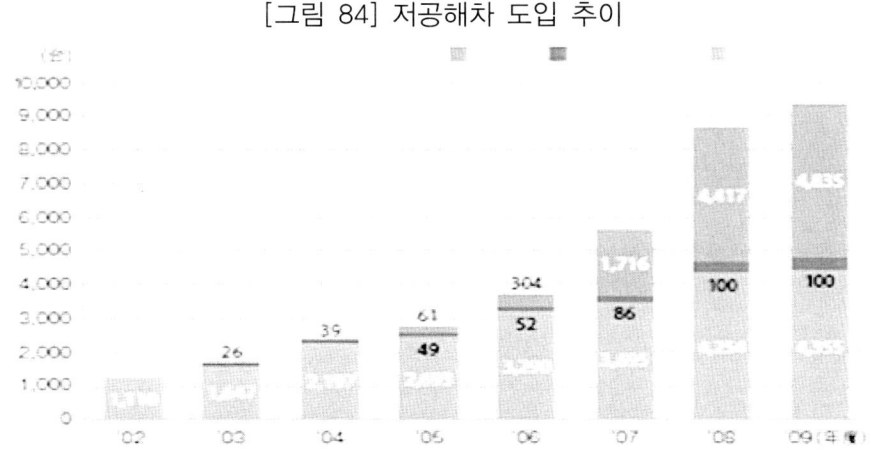

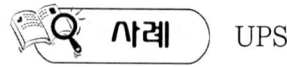 UPS

■ LNG 화물트랙터 추가

2013년 초, UPS는 보유중인 2700대의 첨단기술 자동차를 확대하는 동시에, 2년 이내에 액화천연가스(LNG) 화물트랙터를 1000대 정도 추가할 계획이라고 발표하였다. 첨단기술 자동차의 범주에는 모든 전기 자동차, 하이브리드 전기자동차, 유압식의 하이브리드, 천연가스 자동차(액화천연가스, 압축천연가스), 프로판 또는 바이오메탄 사용 자동차, 연료를 절약하면서 경량의 복합 기능을 가진 자동차 등이 포함되어 있다. 2012년 자동차에 부착된 센서로 구성된 텔레매틱스(자동차와 무선통신을 결합한 새로운 개념의 차량 무선인터넷 서비스) 데이터를 통해 엔진 공회전을 2억 600만회 이상 줄였으며, 연료를 150만 갤런 이상 절약했다. 또한, 라우팅 기술을 통해 마일당 물류수거와 배달정거장 수를 늘려 약 1210만 마일의 운송거리를 단축하였다. 이를 연료로 따지면 약 130만 갤런을 절약한 것으로 볼 수 있다.

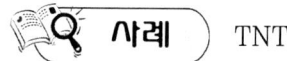 TNT

■ E-바이크 활용

E-바이크는 리튬 이온 배터리를 탑재해 이산화탄소를 배출하지 않으며 매연과 소음을 방출하지 않아 기존 엔진이륜차의 문제로 지적됐던 대기오염과 소음공해를 줄일 수 있다. 220V 전원을 사용해 간편하고 신속한 충전이 가능하며 2~3시간을 충전하면 최대 120km를 주행가능하다. E-바이크 도입으로 연간 480ℓ 의 휘발유 사용량 및 1t가량의 이산화탄소 배출량을 절감할 수 있으며 추후 단계적으로 모든 엔진이륜차를 전기이륜차로 교체해 나갈 계획이다.

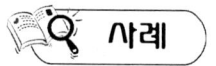 DHL (http://logiseconomy.tistory.com/2032)

■ 노후차량 교체

2009년 자동차 제조회사인 IVECO와 향후 3년간 DHL를 위해 특별히 설계한

4,500대 차량을 구입하기로 했다. 이는 독일에서 운행 중인 7,500대 중 60%를 차지하는 것으로 IVECO차량은 디젤연료를 사용하지만 디젤분자필터를 두어 가장 친환경적인 모델로 인정받는 제품이다. 현재 운영 중인 차량은 EU4 등급을 주종으로 하고 있으며 일부 EEV(Enhanced Environmentally Friendly Vehicle) 모델도 있다.

■ 연료 또는 차량모델 대체

바이오 연료를 포함하여 연료 대체 사용을 위해 LPG, CNG(Compressed Natural Gas), 하이브리드, 에탄올, 전기배터리 등 1,000대 이상의 차량을 가지고 테스트 중에 있다.

■ 바이오 연료 · 하이브리드 차량

도이치포스트(DP) DHL이 자체 친환경 물류활동 프로그램인 '고그린(GO GREEN)'의 지난 5년간 성과를 발표했다. 2012년, 운송 중 발생되는 이산화탄소를 상쇄시킬 수 있는 친환경 서비스를 통해 24억 건 이상의 물품을 배송했으며 고객들은 약 18만톤에 해당하는 이산화탄소를 상쇄했다. 이 같은 수치는 2009년 7억 4000만건에 머물던 발송량에서 3배 이상 증가한 수치로 2011년 대비 약 30% 상승한 수준이다. 이를 위해 DHL은 바이오 연료와 하이브리드 차량을 도입해 운영했다. 2008년 하이브리드 차량 도입, 2010년에는 전기차량을 배송 서비스에 투입했다. 현재(2013년) DHL이 보유한 차량 중 약 8500대가 대체 주행 시스템을 이용하거나 공기역학 혹은 전동 모터를 쓸 수 있도록 개조된 상태다. DHL 코리아 역시 2008년부터 고그린 위원회(GoGreen Committee)를 운영하고 있다. 유류 절감을 위해 연료 효율성이 높은 차량을 배송에 투입하고 있다.

〈표 23〉 운송수단 별 에너지절약 및 대체에너지 사용

	에너지 절약(Burn less)	대체에너지 사용(Burn clean)
차량	·공기역학의 최적화 ·엔진변경 ·텔레매틱스 시스템의 확대 적용 ·하이브리드 구동장치 사용	·대체 연료 사용 ·전기자동차에 녹색 전기사용
항공	·항공기 현대화	·대체연료 사용(연구 사업에 참여 중)

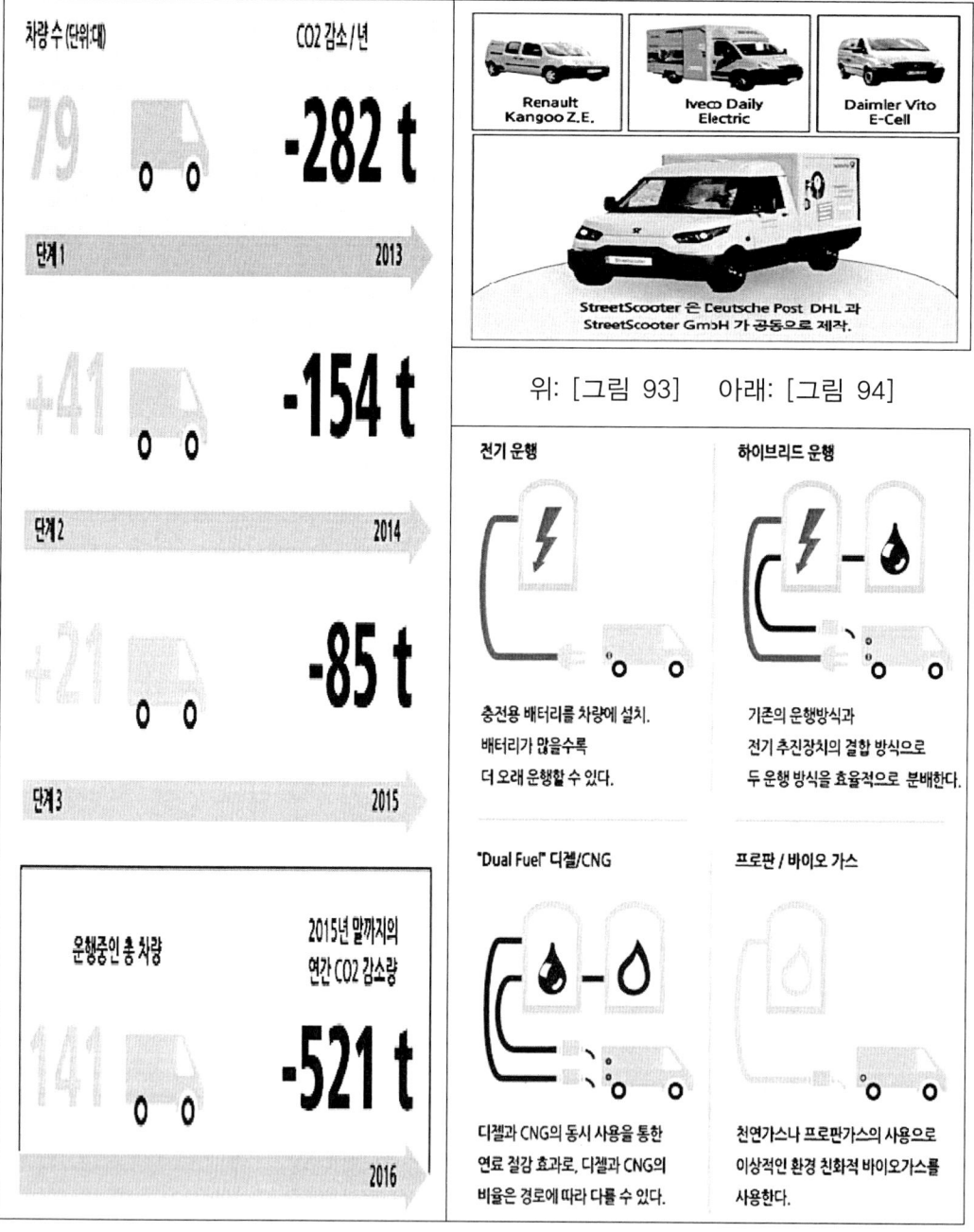

 사례   한국전력공사 (지속가능경영보고서 2008년)

■ 업무용 차량의 환경영향

KEPCO는 업무용 차량의 환경오염을 줄이기 위해 노력하고 있다. 2008년도 KEPCO가 보유하고 있는 업무용 차량은 2007년에 비해 15대가 증가한 3,166대이며 이중 1,741대가 승용차량이다. 이중 81.5%에 해당하는 1,419대가 경차, 하이브리드차 등 친환경 차량이며, 향후에도 경차 및 하이브리드차의 구매비율을 80% 이상으로 유지할 계획이다. 2008년 보유차량의 연료사용량은 6,475천 ℓ 로 연비(km/L)는 전년도 보다 0.87 높아진 6.88이다.

[그림 87] 업무용 승용차량중 친환경차량 비율 추이

구 분	2006년	2007년	2008년
업무용 승용차(대)	1,740	1,747	1,741
경 차(대)	1,380	1,370	1,359
하이브리드차(대)	16	57	60
친환경차량 계(대)	1,396	1,427	1,419
친환경차량 비율(%)	80.2	81.7	81.5

 사례   일본통운 (CSR Report 2010년)

일본통운에서는 법규제를 준수하는 데 머무르지 않고 신개발의 차종을 포함하여 적극적으로 각종 환경배려차량을 도입하고 있다. 지금까지 CNG차, 하이브리드차, LPG차와 동시에 신장기 규제적합차등 저배출 디젤차를 중심으로 전국적으로 4,485대를 보유하고 있다.

〈표 24〉 환경배려차량 보유대수(2010년 3월)

차종	대 수		
	합계	본사	관계회사
CNG차(천연가스차)	378	311	67
하이브리드차	564	498	66
LPG차	669	581	88
신장기규제적합차	2,874	2,008	866
합계	4,485	3,398	1,087

[그림 88] 천연가스차(CNG 차)   [그림 89] 천연가스차(CNG 차), 바이펠

천연가스를 고압으로 압축하여 연료하는 자동차이다. CO_2 배출량이 가솔린차에 비해 2~9할 정도 적고 또 디젤차에 비하여 NOx의 배출이 억제되고 PM은 배출하지 않는다. 단, 연료탱크의 소형 경량호, 연료 증진 설비등의 확충이라는 과제가 있다.

항공편과 귀중품을 수송하는 차량을 중심으로 가솔린차를 베이스로 하여 압축천연가스(CNG)와 가솔린을 사용할 수 있도록 개선한 자동차이다. CNG를 사용종료하면 수동으로 연료를 가솔린으로 전환할 수 있고 1일 주행거리가 긴 경우에도 주행중에 CNG의 연료를 결정할 필요가 없다.

[그림 90] 하이브리드 차   [그림 91] LPG 차

 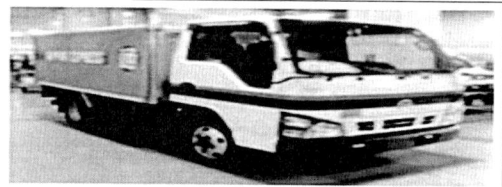

엔진과 전기모터 등 복수엔진을 병용한 자동차이다. 엔진에서 발생시킨 에너지와 브레이크를 걸었을 때의 제동에너지를 전기에너지로 바꾸어 운행하고 발진과 가속, 등반시의 구동력을 보조하는 시스템으로 이루어져 있다.

액화석유가스를 연료로 하는 엔진을 사용한 자동차로 택시는 널리 이용하고 있다. 디젤차에 비하여 NOx의 배출이 대폭적으로 적고 PM도 배출되지 않는다. 연료충전설비(LPG 스탠드)가 전국에 있기 때문에 도입대수가 많아지고 있다.

실천활동 [2] 에코타이어를 채택하고 있는가?

사례 금호타이어 (금호타이어 홈페이지)

[그림 100] 친환경 재료 - 타이어 소개

- 고분산 고무 적용으로 회전저항 감소, 고강도 구조적용으로 타이어 중량을 최적화하여 연비절감 구현
- 타이어 옆면의 변형을 최소화하는 신소재 적용으로 에너지 손실을 줄이고 최적의 차량 조종안정성 유지

[그림 92] 연비측정 결과 - 타이어 소개

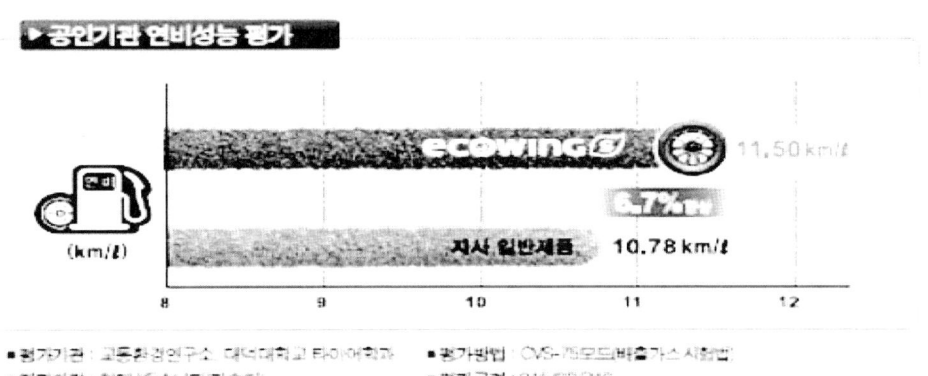

사례 한국타이어 (한국타이어 홈페이지)

■ 친환경 타이어

한국타이어에는 일반 타이어에 비해 연비를 획기적으로 개선시킨 'enfren'을 비롯한 친환경 타이어를 통해 이산화탄소 배출량을 크게 줄여 나가고자 한다. 특히, 'enfren'은 정부의 저탄소 녹색성장과 부합하는 상품으로 에너지 손실을 최소화하

는 배합기술을 통해 회전 저항을 21% 감소시켜 연료 소비를 최고 16%까지 절감할 수 있다. 이 효과는 1km 주행 시 이산화탄소 배출량을 약 4.1g 정도 저감시키는 것으로 10년 동안 200,000km를 주행할 경우 약 820kg의 이산화탄소 발생을 억제할 수 있다. 이는 나무 146그루가 1년간 흡수하는 이산화탄소 량과 동일하다.

[그림 93] 저연비 타이어 – 타이어 소개

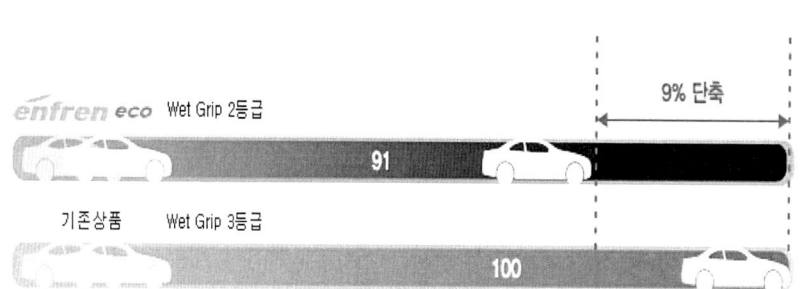

실천활동 [3] 엔진 정지시에도 냉동/냉장기능이 정지하지 않는 냉동/냉장차량을 사용하고 있다.

사례 풀무원 (지속가능보고서 2009년)

2009년도 보관온도 정책을 5℃에서 2℃로 낮추면서 냉동기의 부하가 증가하고, 생산량 증가에 따라 수·배송 물량 증가로 직·간접 에너지 사용량이 증가하였다.

◇ 스트립 커튼과 축냉 차량
스트립 커튼과 축냉 차량 이용으로 엑소후레쉬 물류의 물류센터 내에서의 에너지 사용량을 절감하고 있다. 엑소후레쉬 물류에서는 냉장 제품의 품질관리를 위해 보관온도를 2℃로 관리하며, 제품을 차량으로 상차하는 과정에서 출입구를 통해 냉기 누출 및 외기 유입을 방지하기 위해 푸드머스 양지물류센터에서는 71개의 접안구에 스트립 커튼을 설치하였다.

냉장제품을 운송하므로 차량내부의 온도관리를 위해 차량에 부착된 냉동기를 가동하여야 하나, 대형마트의 검품장은 대부분 지하에 위치한 관계로 차량 공회전이 불가능하여 제품의 온도가 상승됨으로 이것을 개선하기 위해 차량내부에 축냉시스템(야간에 전기로 충전함)을 설치하여 차량이 운행하는 중에는 차량 냉동기의 부하를 감소시킬 수 있다.

[그림 94] 스트립 커튼과 축냉 차량

핵심활동 4.2 포장 재검토 ▶ 4.2.1 포장자재 폐지·슬림화

실천활동 [1] 포장자재를 슬림화/경량화하고 있는가?

 사례 LG생활건강(지속가능경영보고서 2009년)

■ 제품 포장 경량화
엘라스틴의 기존 단층구조의 용기 외관에 다층 성형 시스템을 도입하여 용기 강도를 향상시켰으며, 수지 중량을 최적화하였다. 대용량 제품인 퐁퐁, 샤프란 용기는 유통시 외부 충격에 의한 용기 파손 방지 기능을 유지하면서 용기 경량화 구현을 위해 내충격성이 우수한 수지를 발굴, 적용하였다. 이러한 개선을 통해서 총 183톤의 플라스틱 사용량이 저감되었다.

[그림 95] 제품 경량화 사례

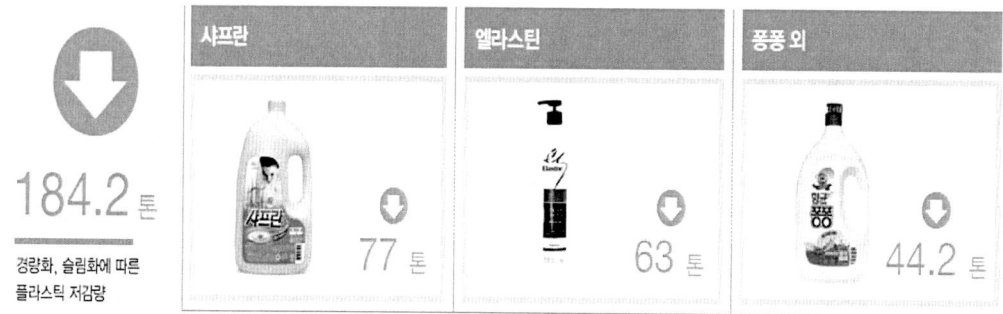

■ 판촉용 포장재 슬림화

판촉용 포장재에 의해 발생되는 폐기물을 저감하기 위해 환경부가 주관하는 자발적 협약에 참여하여 개선 활동을 추진하고, 정기적인 모니터링으로 부적절한 자원의 낭비를 없애고자 노력하고 있다. 이러한 개선활동을 통해 2007년 대비 PP타상자는 20%, 폴리백은 10% 사용량을 줄였다. 또한 화장품 증정용 캡의 재질변경 및 경량화를 통해 1.2톤의 플라스틱이 저감되었다.

<표 25> 제품 포장 경량화 및 슬림화 사례

구분	개선사례	적용제품
생활용품	플라스틱 포장재(PP) 시트 두께 저감	엘라스틴 샴푸/린스 세트, 세이 폼 클렌징 세트
	제품 용기(바스켓)두께 저감	세탁세제 테크, 한스푼, 슈퍼타이
화장품	다중(2~3) 캡 구조의 단순화를 통한 플라스틱 사용감소	신규 제작되는 증정용 전 품목에 적용
	플라스틱 표면에 엠보싱 가공으로 강도 향상/자원 절감	오휘, 이자녹스, 보닌, 캐릭터
	크림용기의 플라스틱 커버를 고주파 실링으로 대체	후, 수려한, 라끄베르, 이자녹스
	세트에 고급감을 주기 위한 포밍 천을 제거	오휘

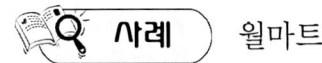 월마트

■ 포장 용기 감축

월마트는 2006년 9월 22일, 전 대통령인 빌 클린턴이 주최한 「클린턴 글로벌 이니셔티브」에서 2008년부터 2013년까지 5년에 걸쳐 포장 용기를 5% 줄이겠다는 계획을 발표하였다. 월마트는 상품 포장에 들어가는 종이와 플라스틱 용기 5%를 줄이면 수백만 톤의 매립용 쓰레기를 줄일 수 있을 뿐만 아니라, 이산화탄소 66만 7,000톤의 배출을 억제할 수 있다고 언급했다. 또 다른 효과는, 포장용기를 줄이면 부피가 줄면서 제품을 옮기는 차량의 운반 횟수도 줄어들게 돼 32만 3,800톤의 석탄을 절감할 수 있을 뿐만 아니라 디젤 역시 6,670만 갤런이나 절감할 수 있다고 주장했다. 계획을 실현한 결과, 2013년 월마트 영국에서는 500ml 물병은 6%, 2l 물병은 13% 가량 가벼워진 「Eden Falls」라는 PB물병을 제작하여 사용하고 있다. 월마트 일본에서는 육류와 해산물 포장의 37%는 트레이를 사용하는 대신 옥수수 추출 바이오플라스틱 랩을 사용하도록 하여, 2007년 이후 트레이 무게의 약 25.5%를 절감하였다.

 IKEA (이케아)

■ 포장 관리

이케아에서는 각 상품의 포장 효율성을 검사하고, 비효율적인 포장에 대한 개선 활동을 맡고 있는 포장 디자이너가 존재한다. 2002년 이케아 포장팀은 GLIMMA라는 양초세트에 공기 주입량이 과다하다는 평가를 내렸고 다른 포장 방법을 도입한 결과 한 팔레트에 108개의 상품을 더 적재할 수 있게 되었다. 이는 팔레트의 사용을 59,524에서 41,667개로 대폭 감소시켰고, 매년 200대의 트럭 운행이 줄어들게 됨으로써 CO_2 발생량을 21%가까이 감축시켰다.

실천활동 [2] 소상자 포장을 폐지하고 대상자 포장으로 바꾸고 있는가?
실천활동 [3] 거래처와 협의를 통해 포장을 생략하고 있는가?

 **사례** 이온 (Environmental and Social Report 2010년)

◇ Returnable container, Reverse hanger의 사용확대

이온은 상품 운반시에 반복 사용할 수 있는 리터너블 컨테이너와 농산 컨테이너를 이용하여 점포에서 버리는 골판지를 줄이고 있다.

의료품 매장에서는 의료품을 진열용 행거에 걸린채로 점포로 운반하고 그대로 매장에 진열하는 reuse hanger 납품을 하는 것으로 수송시에 사용하고 있는 골판지상자와 수송용행거를 줄이고 있다.

2009년도는 리터너블 컨테이너 사용량은 5,759만케이스, 농산컨테이너 사용량은 2,056만케이스, reuse hanger사용량은 1,321만 착분으로 폐기하는 골판지의 대폭적인 삭감을 실현하였다.

[그림 96] Returnable Container 및 Reuse Hanger

실천활동 [4] 포장의 형상을 간소화하고 있는가?

사례 TOYOTA (Vehicle Recycling 2014년)

■ Bumper 포장의 슬림화

Bumper 포장의 슬림화 등 포장사양의 간소화 및 출하 용기의 Returnable화의 확대에 따라 CO_2배출량 0.3만톤을 저감하였다. 2007년도부터는 보급부품의 매입성 포장분 파악 범위를 94사에서 268사로 확대하였다.

[그림 97] 개선전 : 골판지 [그림 98] 개선후 : 퍼브릭 시트

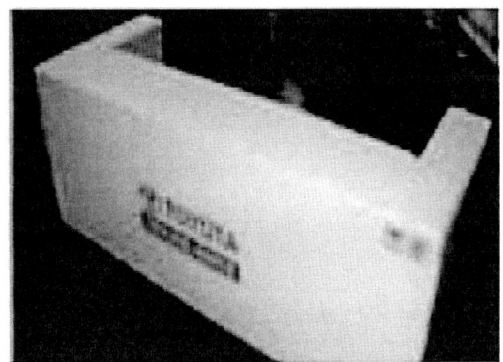
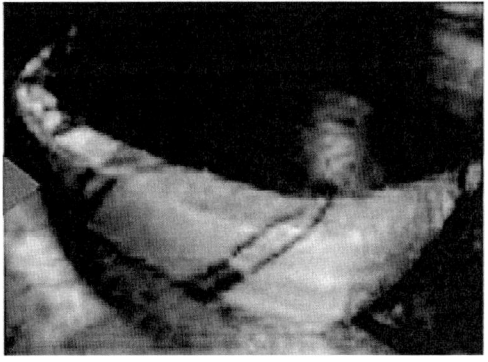

사례 풀무원(지속가능보고서 2009년)

고온 충진에서 견딜 수 있는 재질을 선정하고 이후에 발생할 수 있는 용기의 팽창과 수축 등 불리한 점은 용기의 구조적인 측면에서 디자인 형태를 변경함으로써 용기중량을 감소하였다. 샘물 215ml용기를 26g에서 24g으로, 리얼콩즙 500ml 용기를 48g에서 45g으로 포장용기를 간소화 하였다. 중량 감소 효과로 샘물은 연간 404백만 원 비용 절감, 리얼콩즙은 3.9백만원의 비용을 절감하였다.

[그림 99] 포장용기 중량 감소

 사례   유한킴벌리(지속가능보고서 2010년)

■ 2차 포장재 절감 노력 확대

유한킴벌리는 환경부와 2차 포장재를 줄이기 위해 자발적 협약(2008.07-2012.06)을 맺고 실천 중이다. 유한킴벌리의 그린마일리지 제품은 생리대와 팬티라이너(화이트, 좋은느낌, 애니데이)이다. 포장재 두께를 18% 감축(55gsm→45gsm)하고 포장재 재질도 변경(종이 120g→비닐 9g)했다. 또한 그린마일리지 제품의 판매 확대를 통해 2009년에 약 27%의 2차 포장재를 절감했다.(기준연도 2007.07-2008.02), 2009년 4사분기에 이중 포장을 없애고 추가 할인 혜택 제품을 개발한 그린마일리지 제품 판매량이 전체 판매량의 11%에 해당할 정도로 확대되고 있다.

[그림 100] 2차 포장재 중량 감소 추이

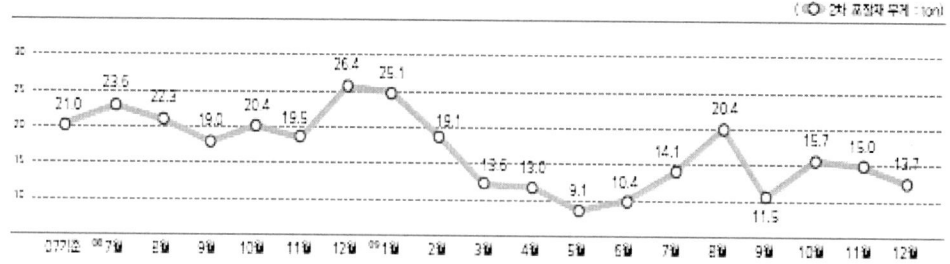

[그림 101] 환경 친화적 제품 판매 결과

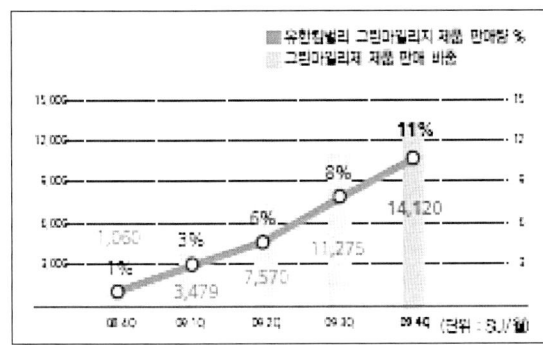

2차 포장재 줄인 유한킴벌리 그린마일리지 제품의 판매가 증가 하였다.

■ 그린핑거

모든 제품의 포장 최소화에 노력하고 있으며 지속가능한 제품의 확산을 위해 포장공간과 포장재 감축을 위한 연구·개발이 이루어지고 있다. 불필요한 제품 포장을 줄이기 위한 노력의 일환으로 단위제품에 대한 포장제거 작업이 진행되고 있으며, 2014년 6월부터 적용·시행, 이를 위해 포장 상자가 없어도 제품 라벨링이 가능한 구조로 용기 디자인을 변경했다. 소비자 피드백을 반영하여 2012년 10월부터 그린핑거 촉촉한 자연보습 제품 용기에 남아있는 로션을 모두 사용할 수 있도록 잔량캡을 제공하고 있으며 노력 결과 관련소비자불만 건수가 2012년 67건에서 2014년 6건(5월 누적)으로 감소하였다.

핵심활동 4.2 포장 재검토 ▶ 4.2.2 포장재 재사용 · 재활용

실천활동 [1] 미사용시 또는 회수시에 부피를 줄이기 쉬운 포장자재를 사용하고 있는가?
 [2] 운반용기나 파렛트의 재사용에 대해 전사적으로 시스템화하여 관리하고 있는가?

 **사례**　이건환경(www.eagon.com)

■ 목재 재활용

폐기할 수밖에 없는 목재를 재활용하여 Green Pallet(목재압축파렛트), Clip-lok (Returnable box), Collar Hinge box(Returnable box)로 이용함으로 CO_2 저감 및 탄소거래제에 좋은 영향을 끼치고 있다.

◇ Green Pallet

재활용 원자재를 이용하여 생산 하였으며 수율향상에 따른 제품 단위당 원재료 투입량이 연간 65%감소하였다. 적재율 향상에도 기여하여 11톤 차량 기준 800매 적재가 가능함으로 파렛트의 보관, 수송이 용이해졌다.

[그림 102] Green Pallet의 원자재, 생산, 사용 사례 (물류재-Green Pallet)

◇ Clip-Lok

조립식 박스로서 자동차 부품업체 부품류 수출 등에 사용한다. 사용 후 해체 보관시 공간 효율성도 증가한다.

[그림 103] Clip-Lok의 조립, 해체, 사용 사례 (물류재-Clip-Lok)

◇ Collar Hinge Box

농산물 출하시 사용되며 사용후 해체 보관이 가능하다.

[그림 104] Collar Hinge Box 사용 및 해체 보관 사례 (물류재-C-Box)

실천활동 [3] 회수(Return), 재사용(Reuse), 재활용(Recycle) 가능한 포장자재와 운반용기를 사용하고 있는가?

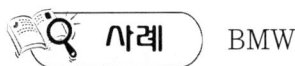 BMW

BMW는 폐기물을 관리하는 4가지 우선순위의 표준을 정하여 관리한다.

◇ 1순위 폐기물 발생억제

BMW 그룹에서 한 해에 13.5백만 포장박스를 재사용하여 폐기물 발생을 억제하였다.

◇ 2순위 폐자재의 재이용

폐지를 포장 충전물로 사용하는 것과 같은 방식으로 폐자재를 다른 용도로 사용하는 방식이다.

◇ 3순위 재생

폐지, 고철 스트랩 등과 같이 본래의 용도로 사용할 수 없는 경우 재상하여 사용토록 하는 방식이다.

◇ 4순위 폐 에너지 회수

음식물 쓰레기와 같이 남아 있는 에너지를 회수하는 방식이다.

사례 HONDA (혼다 환경 연차 Report 2009)

2008년도는 외장 returnable case 도입을 적극적으로 전개해 왔다. 이 결과 미국의 알리바마 공장과 중국의 武漢공장으로 적용을 확대할 수 있었다. 대만향, 브라질향 등의 내장 returnable 용기의 확대를 중심으로 적용율을 증가시켜 (전년도비 8.0% up) 골판지용기를 삭감하였다.

〈표 26〉 KD(Knock Down) 부품 returnable case 사용률

지역	사용률(%)		
	2006년도	2007년도	2008년도
북미향	69.7	82.1	84.1
남미향	14.0	41.7	44.0
유럽향	69.7	67.8	74.5
아시아.대양주 향	51.7	57.5	67.0
중국향	1.9	24.9	43.3
합계	49.6	60.2	68.2

〈표 27〉 KD(Knock Down) 부품 포장자재 사용량 삭감

항 목	삭감량
스틸재 사용량 삭감	1,763 톤
골판지재 사용량 삭감	72톤

 **사례**   아모레퍼시픽 (지속가능보고서 2009년)

■ 이니스프리 공병수거 캠페인

이니스프리는 '공병수거 캠페인'을 2009년 8월부터 전국 260개 이니스프리 매장에서 시행하고 있다. 공병수거 캠페인은 고객들에게 자원 재활용과 환경 캠페인 동참을 장려하는 취지에서 비롯된 것으로 참여 시 1,000점의 뷰티포인트가 적립된다. 이 캠페인을 통해 2009년에 총 3,870kg의 유리와 플라스틱 공병을 수거했다.

[그림 105] 이니스프리의 공병수거 절차

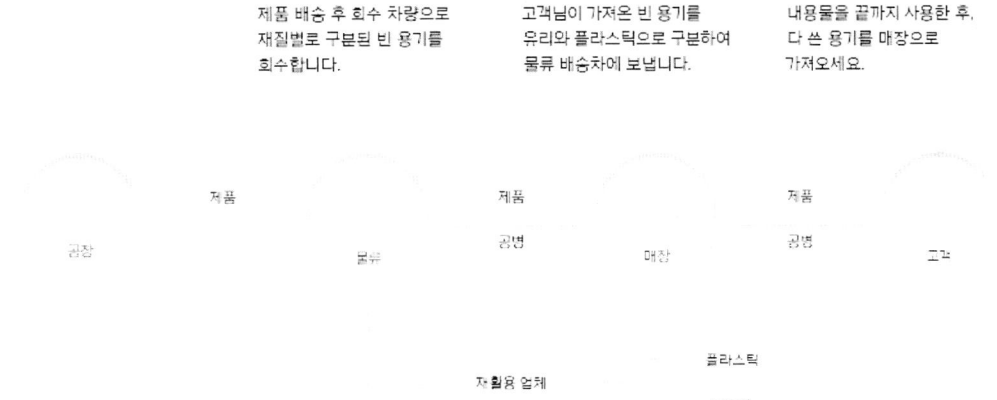

[그림 106] 공병수거 캠페인

사례   캐논 (캐논 홈페이지)

■ 토너카트리지 재활용

캐논은 회수한 토너 카트리지를 기종별로 분별한 후, 부품이나 재료를 재이용/재활용하는 '토너 카트리지 회수 재활용 프로그램'을 기업이 제품을 회수/재활용하는 체제가 확립되지 않았던 1990년부터 타 업계에 앞서 실시해 왔다. 그 이후 20년에 걸쳐 지속적으로 실시해 온 회수 프로그램은 전세계 23개국에서 실시되고 있다.(2009년 12월 말 시점)

[그림 107] 클로즈드 루프 재활용의 개념도 (Environmental Frontrunner Froducts)

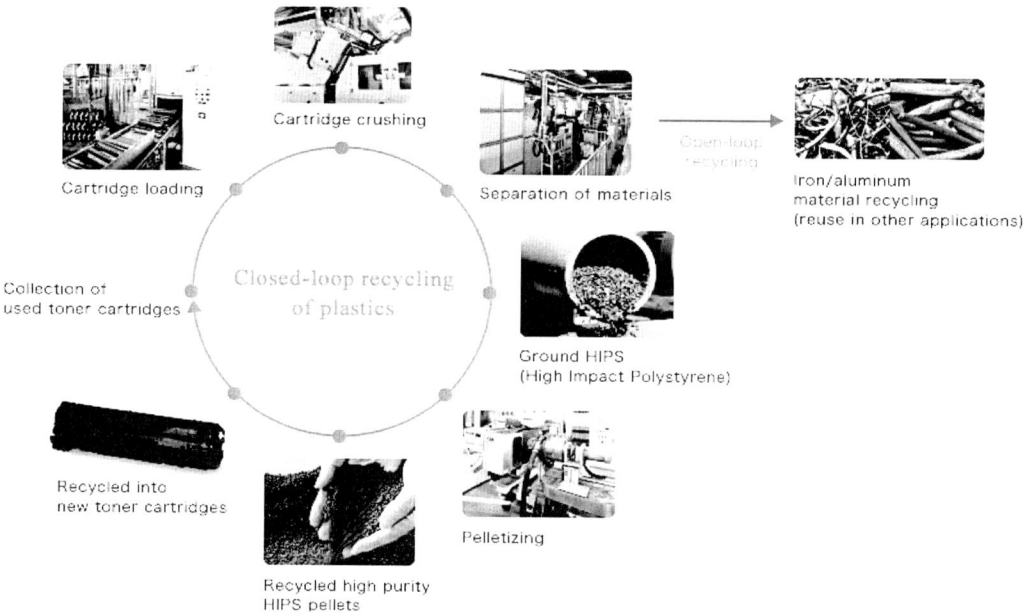

회수한 토너 카트리지는 중국/미국/프랑스/일본 등의 4거점에 집약된다. 여기서는 엄격한 품질 기준을 통과한 부품을 재이용함은 물론, 플라스틱을 동등한 품질로 제품에 재사용하는 '클로즈드 루프 재활용*'을 실시하고 있다. 이 외의 것도 모두 자원으로 효과적으로 활용하여 매립 폐기하지 않고 재자원화율 100%를 달성했다. 이에따라 2009년까지 누적 약 15만 톤의 신규 자원 억제, 약 37만톤의 CO_2

배출 삭감을 달성했다. 이러한 활동이 인정되어 캐논은 2006년에 재사용/재이용/재활용 추진 공로자 등의 표창에서 '경제산업 장관상'을, 2007년에 '에코 프로덕트 대상 추진 협의회 회장상'을, 2008년에는 '지구환경 대상 후지 산케이 그룹상'을 수상했다.

앞으로는 회수할 때 환경부하를 저감할 수 있도록 보다 효율적인 회수 시스템을 구축하고 장기적인 재활용 사업을 발전시키기 위해 재활용 기술을 구축하는 등 프로그램을 한층 더 보강해 나갈 것이다.

클로즈드 루프 재활용* : 시장에서 회수된 자사 제품에서 얻을 수 있는 재료를 신제품 등의 품질 규격으로 다시 자사의 제품/부품에 투입하는 것.

■ 업계 최초 토너 카트리지 자동 재활용 플랜트

캐논은 토너 카트리지를 더욱 재활용하여 환경에 대응하기 위하여 2002년에 일본 국내 재활용 거점인 캐논 이콜러지 인더스트리에서 업계 최초로 토너 카트리지 자동 재활용 플랜트를 도입했다. 이 플랜트에서는 사용이 완료된 토너 카트리지에 대한 처리가 분쇄에서 철, 알루미늄, 각종 플라스틱 등의 재료 분별까지 자동으로 이루어진다. 특히, 주요 플라스틱재인 HIPS(내충격성 폴리스티렌)의 경우, 고순도로 분별/재제품화까지 일관적으로 자동화하여 토너 카트리지에 재사용하고 있다.

- 캐논 버지니아, 컬러 토너 카트리지 재활용 플랜트 도입

미국의 재활용 거점인 캐논 버지니아는 2008년 1월에 '컬러 토너 카트리지 재활용 플랜트'를 도입했다. 이에 따라 기존에 열 회수(서멀 리사이클)해 온 컬러 토너 카트리지를 재료로 하여 재활용하게 됨에 따라 한층 더 CO_2 배출량을 감소할 수 있게 되었다. 2009년 가동 실적을 보면, 원재료를 약 8,800만 톤 재활용하고 CO_2 배출량도 약 7,200톤 삭감했다.

이번에 도입한 재활용 플랜트에서는 기존에 하기 어려웠던 100% 재생 HIPS(내충격성 폴리스티렌)로 카트리지 부품을 성형하는 데에 성공했다. 재생된 플라스틱 재료는 캐논 버지니아에서 사내 성형에 사용됨은 물론, 캐논의 일본 내 거점에도 공급되어 카트리지 생산에서 재료 구입을 절감함으로써 신규 재료 사용 억제로도 이어지고 있다.

■ 잉크 카트리지 재활용

◇ 일본 국내에서의 전략

캐논은 일본 국내에서 타 업계에 앞서 1996년부터 잉크 카트리지를 재활용해 왔다. 특히, 재료로 재이용하는 소재 재활용의 고도화에 주력하고 있다. 회수된 잉크 카트리지는 재료로 재생되어 잉크 카트리지나 제품 적재용 팔레트, 서비스 부분 회수용 박스 등으로 재사용되고 있다. 또한 우체국, 양판점, 캐논 제품을 사용하는 기업, 학교 등에서 사용이 완료된 잉크 카트리지를 회수하는 데에도 주력하고 있다. 2009년 일본 국내 회수 실적을 보면 159톤(전년도 대비 112%)을 기록하고 있다.

◇ 잉크 카트리지 귀향 프로젝트

캐논은 잉크 카트리지의 회수율을 한층 더 향상시키기 위하여 자체의 독자적인 회수 거점과 더불어 동업타사와 협력하여 회수 거점을 증가시켜 나가야만 한다고 생각했다.

여기서 캐논이 선두주자가 되어 동업타사에 홍보한 결과, 2007년에 6사가 중심이 된 공동 프로젝트 '잉크 카트리지 귀향 프로젝트'를 개시하게 되었다. 2008년 4월부터는 전국적으로 3,600개가 넘는 우체국에 6사 공통의 회수함을 설치하여 공동회수를 시작했다. 이에 따라 고객의 편리성이 향상되고 회수량도 증가했다.

[그림 108] 잉크카트리지 회수 (Environmental Frontrunner Froducts)

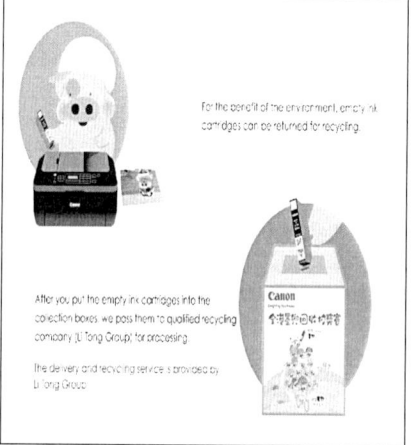

회수한 카트리지는 소포로 나누어 거점으로 보낸 후, 프린터 업체별로 하나하나 구분하여 각 업체로 보내진다. 각 업체는 책임감을 갖고 재활용하고 있다.
또한, 이 프로젝트의 새로운 시책으로 지구온난화/기후변동/생물의 다양성 위기, 자원의 효율화 등 다양한 지구환경 문제에 대처하는 국제연합 환경계획(UNEP)에 기부하고 있다. UNEP가 추진하는 삼림 보호나 생물의 다양성 보전 등의 활동을 측면에서 지원함으로써 이 프로젝트의 사회적인 의의를 드높임과 더불어 보다 적극적으로 지구환경 보전에 참여하고 있다.

◇ 벨마크 운동

캐논은 2005년부터 학교에서 사용하는 잉크 및 카트리지를 회수하는 활동을 실시하고 있다. 이 활동을 통해 벨마크 운동에 협찬하여 환경보호나 환경교육 촉진, 지역사회에 공헌하고 있다. 협찬 5주년을 맞이한 현재, 참가 학교가 해마다 증가하여 2010년 5월 시점에서는 약 13,000교를 넘어서고 있다.

◇ 해외에서의 활동

캐논은 해외에서도 1998년부터 잉크 카트리지를 재활용하고 있다. 회수된 카트리지는 재료 재생 등으로 재이용하여 폐기물이 배출되지 않도록 재활용되고 있다. 2010년 4월 현재, 회수/재활용을 실시하는 국가/지역은 미국, 프랑스, 호주, 뉴질랜드, 중국, 홍콩, 한국, 싱가포르, 인도이다. 지역 환경 보전과 자원을 보다 효과적으로 활용하기 위하여 앞으로도 적극적으로 규모를 확대해 나갈 예정이다.

회수 거점은 각국에 따라 다르지만 양판점, 제휴 판매점, 쇼핑몰, 기업, 학교, 역, 캐논 서비스점, 캐논 쇼룸에 회수함을 설치, 우송을 통해 캐논으로 발송하는 등 고객의 편리성을 고려한 방법으로 실시하고 있다.

[그림 109] 캐논 홍콩 카트리지 회수
(Environmental Frontrunner Products)

 삼성전자 (지속가능경영보고서 2014년)

◇ 자원순환
부품·제품 제조, 유통, 사용, 폐기의 제품전 과정에서 3R을 고려해 환경 유해요소를 저감하고 순환 가능한 자원을 재사용 및 재활용하고 있으며 자원순환 및 자원효율성향상을 위해 재생 플라스틱 사용을 점진적으로 확대해 나가고 있다.

[그림110] 제품 Life Cycle Process 　　　　　친환경 포장재
　　　　　재생 플라스틱 사용현황

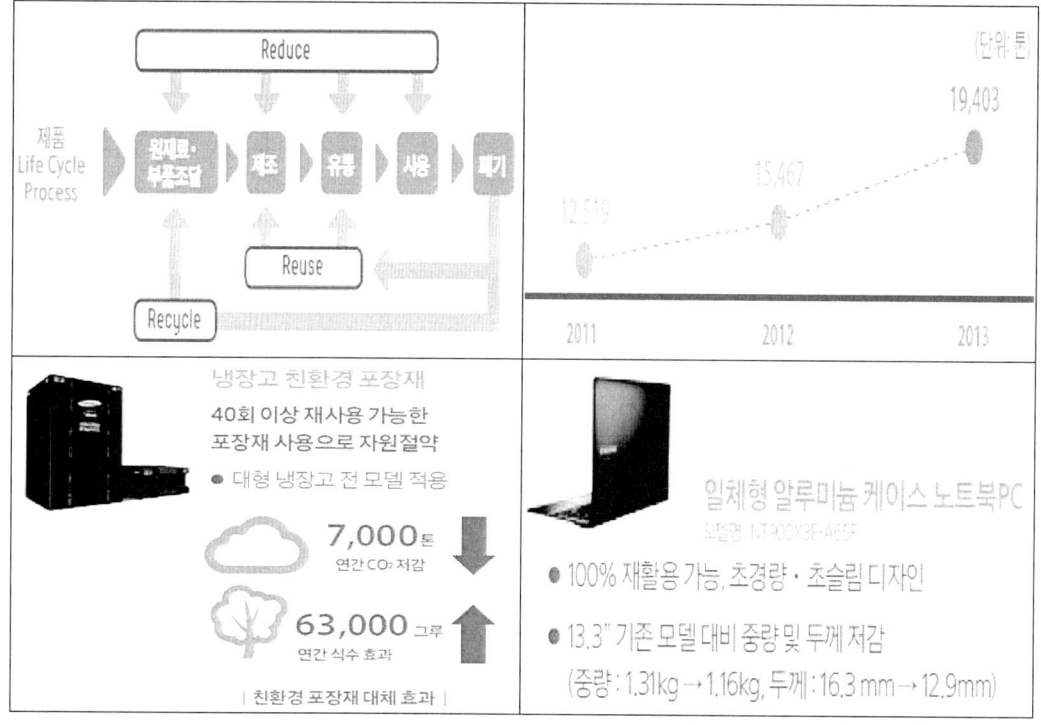

 타타철강 (TATA STEEL)

■ 포장자재
인도의 철강대기업 중 최초로 나무자재를 이용해 재활용 및 재사용이 가능한

EPS 안장으로 수출 컨테이너를 대체하였다. 이를 통해 컨테이너 당 목재 50m(linea)의 비용 절감효과를 거두는 동시에 용기바닥 면적을 증가시킴으로써 화물운송비용을 크게 절감하였다.

실천활동 [4] 포장자재의 재사용, 재자원화, 폐기를 고려하여 소재를 변경하고 있는가?

사례 유니레버 (유니레버 홈페이지)

■ 포장재 감축(Reducing Packaging)

유니레버는 2020년까지 포장재 중량을 가벼운 포장재 사용, 포장설계 최적화, 제품의 응축사양 개발, 불필요한 포장 제거와 같은 4가지 방법을 통해 1/3 절감할 계획이다.

유니레버 제품을 사용하는 고객은 20억 명에 이르며 품목 당 수백만 개씩 판매됨으로, 포장재를 단 1g만 감축하더라도 그 효과는 매우 크다. 그 예로, 칠레에서 크노르제품의 포장을 얇은 라미네이트로 교체하여 13%의 포장중량을 감소하여 매년 라미네이트 5톤을 절약하였다. 또, 튼튼하고 가벼운 포리머와 같은 인체환경공학적인 포장재를 사용하고 불필요한 포장을 제거하면 50%이상 포장재를 줄일 수 있다고 예상한다. 그 예로, 브라질에서 53.1g 가는 깡통포장을 7.5g 밖에 안 되는 리필 파우치(Refill pouch)로 대체하여 연간 4,000톤의 포장재를 절감하였다.

■ 포장재 재사용(Reusing packing)

영국과 같은 선진국의 경우 국내폐기물의 약 20%가 포장폐기물이고 중량으로 6%를 차지한다. 이를 줄이기 위하여 유니레버는 소비자들이 가정이나 개인적으로 제품을 사용할 때 최초의 포장팩을 사용하여 리필받아 재사용하도록 권장하고 2가지 노력을 경주하고 있다.

- 첫 포장과 재생 파우치가 튼튼하고, 경제적이며 사용하기 편리하도록 설계한다.
- 소비자들이 재생포장을 사용할 때의 편익을 이해하도록 교육한다.

중국에서 헤즈라인샴푸를 재생파우치에 담아 판매하고 있다. 이를 통해 종전의 병에 담아 판매하는 방식에 비해 1/3 로 포장재를 절약하였다. 포장비를 절약하여 발생되는 원가절감부분은 소비자와 나누기 위해 제품가격을 인하한다. 유니레버는 이러한 노력에 힘입어 월마트에서 수여하는 '지속가능포장 금상(Gold Award for Sustainable Packaging)'을 수상하였다.

[그림 111] 포장재 재사용의 영향 (친환경 생활)

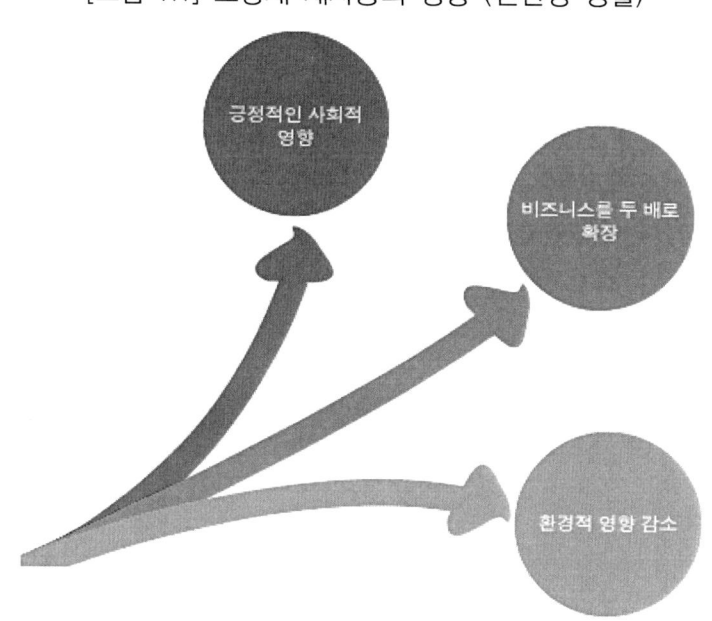

■ 포장재 재활용(Recycling packaging)

유니레버는 정부 및 NGO들과 파트너십을 체결하고 유니레버가 영업하고 있는 상위 14개국에서 평균재활용 비율을 2015년까지 5%, 2020년까지 15%로 높이는 목표를 설정하였다. 이를 이행하기 위해 최대한 포장재는 재활용 자재를 사용하고, 에어로졸은 재생에어로졸을 사용할 계획이다.

소비자가 사용 후 포장재를 재활용하는 데 있어 제일 어려운 사항은 소비자로부터 재활용센터로 사용한 포장재를 회수하는 일이다. 브라질에서 유니레버는 1992년부터 '셈프레(CEMPRE)'라는 폐기물관리회사를 지원하여 전국 24개 도시에 110개의 재활용 센터를 두고 560여명을 고용하여 포장폐기물을 회수하고 있다.

2009년에 7,100톤을 포함하여 누적으로 32,600톤을 회수하였다. 멕시코에서는 코카콜라, 월마트등을 포함하여 다른 사업자들과 같이 '그루포 트랜스포마'(Grupo Transforma)라는 재활용센터를 매장에 설치하여 운영하고 있다.

사례 SUNTORY

■ 3R(Reduce, Reuse, Recycle)
용기의 기획·개발부터 제조·폐기·리사이클에 이르는 환경부하를 저감하기 위하여 "3R(Reduce, Reuse, Recycle)"의 활동을 강화하고 있다.

◇ 용기의 경량화(Reduce)
자원절약과 운송시의 에너지절약 대책의 일환으로서 PET병, 유리병 등의 용기뿐만 아니라 캡과 라벨도 포함한 다면적인 경량화를 추진중이며, 일부 공장에서는 PET병 자사성형에 도전하고 있다.

◇ 용기의 회수·재사용(Reuse)
맥주·발포주와 음식점 향 청량음료 등의 "Returnable 용기"는 자사루트로 회수하고, 정하고, 반복하여 사용하고 있다. 그 결과 2008년 연 113만병 회수 및 재사용하였다. 또한 마개뽑기를 열 때 병에서 떨어지지 않도록 개선을 추진하고 있다.

◇ 재활용(Recycle)
용기설계단계에서는 리사이클품의 품질확보를 위한 무색투명 PET병 채용, 유통시키기 쉬운 라벨의 개발 등에 주력하고 있다.
회수단계에서는 용기소재별로 효율적인 회수루트를 활용하고 운용을 지원하고, 자동판매기 1대에 1개의 비율로 회수박스를 설치하는 등 공용기 산란방지 활동도 하고 있다.

사례 까르푸 (Annual Report 2012)

프랑스 환경 및 에너지 관리기구(ADEME)와 2008년부터 2011까지 4년간 협약을 맺어 포장재 재사용 테스트와 유기물 폐기관리를 분석하고 있다. 매장에서의 주요 폐기물은 판지로서 별도로 구분하여 처리하고 있다. 프랑스에서 폐기물의 55% 이상이 재활용네트워크를 통하여 처리되며 까르푸는 지난 10년간 자체브랜드상품의 포장을 최적화하여 포장재 15,300톤 이상을 절약하였다. 벨기에, 프랑스, 중국 등에서 실시하고 있는 무료 포장 가방 제공 금지 조치는 그룹차원에서 2012년까지 모든 매장에서 적용하기로 방침을 정하였다. 스페인에서 일회용 가방을 없애기 위해 재사용 가방을 이용하도록 하기 위하여 종업원들을 150,000시간동안 훈련하여 고객들의 쇼핑습관을 변화시키는데 일조하였다.

[그림 112] 폐기물 줄이기

사례 일본통운 (CSR Report 2010년)

일본통운은 성자원과 폐기물의 삭감, 작업의 효율화를 테마로 1992년부터 독자적으로 개발한 반복사용 곤포자재를 사용하고, 감는 골판지와 에어캡등을 사용한 경우에 발생하는 폐기물을 대폭적으로 줄여 지구환경보전에 공헌하고 있다. 그중에서도 여성사원이 중심이 되어 개발한 "ecology combo'(full bag)는 환경 및 고객에게도 친화적인 이용서비스로서 모든 가정재에도 반복적으로 이용이 가능하다.

[그림 113] ecology combo

실천활동 [5] 재생소재를 원료로하는 포장자재를 사용하고 있는가?

사례　월마트

2008년 공급회사의 포장지속가능성을 측정하기 위하여 월마트 매장의 329,000품목, 샘스클럽의 11,000품목에 포장 스코어카드(packaging scorecard) 제도를 도입하였다. 공급회사와 고객들은 제품포장에 주목할 만한 변화를 보였다. 더 많은 고객들이 보다 더 지속가능한 재료로 포장되고, 더 적은 연료를 사용하여 운송되며, 더 적은 에너지와 더 적은 자원을 사용한 제품을 구매한다. 2013년까지 2008년 기준 공급망에서 5%의 포장 줄이기 위해 포장스코어카드 제도를 캐나다와 멕시코 매장에도 2010년부터 적용하였다. 각 나라마다 정부, 학교, 공급, NGO 대표로 구성되는 포장 지속가능 가치 네트워크를 조직하고 공급회사들은 포장스코어카드에서 정보를 얻게 된다. 2011년도에는 캐나다와 멕시코에 있는 소비자들도 포장 지속가능 지표에 나타난 정보들을 얻게 되어 구매과정에 영향을 미칠 것이다.

미국에서 2009년 포장 및 폐기물 네트워크는 종이 및 포장업계의 리더인 플래트 인더스트리즈 (Pratt Industries)와 파트너 관계를 맺고 '델리 피자박스는 월마트 매장에서 나온 재활용판지를 이용하여 만든 것이다.' 라는 라벨을 붙이고 있다. 재활용 노력은 비용을 절감하게 하고 피자박스에 재활용 판지를 사용함으로써 8,600톤이 판지를 재처리하여 125,000그루의 나무를 보호하였다.

영국에서 ASDA는 선정된 자체브랜드(PB: private brand)상품의 포장을 줄여 2009년도에 2005년도 대비 26%의 포장절감 성과를 거두었다. 대표적으로 세제의 경우 불필요한 포장 55%를 제거하였고, 삶은 콩을 베이컨 등과 함께 구운 요리인 베이크트빈(baked beans)의 포장 재료를 깡통포장에서 종이상자로 전환하여 68% 절감하였다.

사례　스타벅스 (스타벅스 홈페이지)

■ 친환경 종이컵

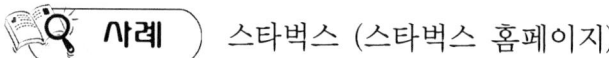

[그림 114] 스타벅스 일회용 컵 (사회공헌활동 – 환경발자국 줄이기)

스타벅스는 4년간의 연구 개발 기간을 거쳐 재생지를 활용한 일회용 컵 제조에 성공하였으며, 그 결과 2007년 한해 110만 그루의 나무와 900가족의 일년간 에너지 사용량에 해당하는 자원을 아낄 수 있었다.

핵심활동 4.2 / 포장 재검토 ▶ 4.2 포장 재검토 ▶ 4.2.3 환경부하가 낮은 소재사용

실천활동 : 유해물질이 포함되지 않은 포장자재를 사용하고 있는가?

 지씨텍(주)

■ 환경오염 방지

기존의 오염성인 일회용 용기에 비해 볏짚, 왕겨 등의 천연소재를 사용하여 제품을 제조함으로써 지구환경 오염물질을 원천적으로 방지할 수 있다. 사용 후 수거하여 모종 컵과 건축내장재 및 자동차 내장재 등의 산업재료 등으로 100% 재활용되기 때문에 폐기율이 거의 없어 환경호르몬 등의 발생으로 인한 인간건강과 동·식물의 폐해, 쓰레기 발생으로 인한 환경오염을 방지할 수 있다.

기존의 일회용 용기보다 저렴하면서 원적외선이 방출되고 전자렌지에 바로 조리도 가능하며, 사용 후 분리수거의 번거로움 없이 바로 폐기할 수 있다. 제조설비도 완전자동화로 제조공정이 간결한 대량 생산체제가 구축되어 생산원가를 낮출 수 있어 경제성이 높으며 폐기 후 완전히 썩어 분해되어 퇴비뿐만 아니라 가축의 사료로도 재활용, 건축재료 등 다양하게 재활용될 수 있다.

 네오엠씨씨 (네오엠씨씨 홈페이지)

■ 바이오 기술

화이트 바이오 기술을 활용한 1회용품 생산업체이며, 화이트 바이오 기술이란 석유나 석탄처럼 유해물질을 방출하지 않고도 깨끗한 에너지를 생물체에서 뽑아내는 기술이나 기존의 합성 화학물질 대신 식물과 미생물을 이용해서 음식, 연료, 옷감, 플라스틱 등을 생산하는 기술을 말한다.

무공해 소재인 옥수수 당분을 발효시켜 만든 원료로 이를 섬유제품으로 개발하여 화학섬유보다 가볍고 쉽게 분해되는 섬유를 개발 및 PLA 소재를 활용해 플라스틱 용기를 대체한 제품 생산이다. 옥수수를 원료로 한 천연 플라스틱은

40~80일 만에 완전히 분해되는 친환경 제품으로 원유자원을 절감할 수 있으며 쓰레기 처리에 따른 유해물질 발생도 줄일 수 있다. 주요 제품은 옥수수 전분, 셀룰로오스 분말, 미네랄 등 순수 천연물을 주재료로 한 친환경 용기이며, 일회용 용기 및 100% 생분해되는 분해성 포장재를 개발해 비닐봉투, 지퍼백, 롤백 등을 공급하고 있다.

[그림 115] 화이트 바이오 기술 (KBMP제품소개-바이오시트)

 LG생활건강 (지속가능경영보고서 2009년)

■ 친환경 원료를 사용한 포장재 개발

◇ 바이오매스 플라스틱

[그림 116] 바이오매스 플라스틱

 바이오매스 플라스틱은 플라스틱 성분에 옥수수 전분 PLA(Polylactic Acid)를 첨가하여 만든 친환경 플라스틱이다. 식물성 성분을 첨가함으로써 석유계 원료인 기존 플라스틱에 비해 생산 공정 중에 발생되는 CO_2 등을 저감하는 효과가 있으며, 기존 플라스틱 사용량 또한 줄일 수 있다. LG생활건강은 국내 최초로 바이오매스 플라스틱을 제품 용기에 적용하였다. 기존 PP(Poly-propylence) 용기를 PLA(30% 바이오매스)로 교체 할 경우 943$kgCO_2$ plastic-톤이 절감된다.

<표 28> 바이오매스 Carbon Footprint

(단위 : kg CO_2 /plastic-톤)

구분	PLA*	PP**
자원 생산단계	520	180~240
1차원료 생산단계	1,830	3,142
제품 제조단계	-2,280	0

PLA* : Polylactic Acid
PP** : Polypropylene
*자료 : NatureWorks, LG화학 R&D테크센터

◇ 사탕수수 PE

사탕수수 PE(Polyethylene)는 사탕수수 성분을 추출하여 만든 플라스틱으로, 기존 플라스틱 대비 식물성 성분이 91%이상 첨가되면서도 플라스틱의 물성은 그대로 유지하는 장점을 가진 제품이다. 석유를 대체하는 재생가능 자원으로, 브라질의 사탕 수수를 원료로 사용하여 협력회사에서 양산테스트를 진행하고 있다.

사례 1   CJ 제일제당 (지속가능경영보고서 2013년)

■ 친환경 포장 추진

CJ제일제당 식품연구소 포장개발센터 내 '친환경연구회'를 통해 친환경 포장과 관련된 아이디어 도출 및 실행을 구체화하여 2008년 12월 Show Case 'CJ Environmental Guidelines for PKG'를 통해 4개의 친환경 포장 카테고리를 제안하였다. 제안된 4개의 포장 카테고리는 '포장기술을 통한 감량호, 쌀겨 · 대두박 등 부산물 소재를 활용한 친환경 소재 개발, PLA · 칼슘카보나이트 등 친환경 소재 응용 개발, 장류 대물 리필용기'등 신개념의 포장이다. 이 4개의 제안을 바탕으로 온실가스를 줄이고 생분해성을 높이는 포장재를 개발하여 제품에 적용하고 있다. 친환경 포장 개발 및 적용 결과 2008년 추석 선물세트 포장에는 플라스틱(100%)에서 무기재료 50%로 대체한 트레이를 적용하였으며, 2009년 선물세트 포장에는 플라스틱에 공장 부산물인 쌀미강 · 대두박을 10% 혼합한 트레이를 제작

하여 플라스틱의 사용 감소와 생분해성을 증대시켰다. 또한 콩기름 잉크를 함께 사용하여 친환경성을 높였다. 고추장·된장 용기의 구조 개선과 쌈장 용기 성형 방식의 변경으로 30% 정도의 포장재 절감 효과를 얻었으며, 연간 236톤의 온실 가스 발생량을 감축시켰다.

[그림 117] 쌈장 용기 성형방식의 개선   [그림 118] 친환경 포장 선물세트 트레이

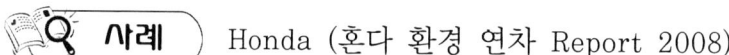

핵심활동 4.2 포장 재검토 ▶ 4.2 포장 재검토 ▶ 4.2.4 저공해 기기 도입

실천활동 [1] 저공해형, 에너지 절감형 포장기기를 도입하고 있는가?

사례 Honda (혼다 환경 연차 Report 2008)

유해 폐기물인 포장 랩(Wrap)을 대체하는 포장재를 사용한다.

[그림 119] 개선전 포장 사례   [그림 120] 개선후 포장사례

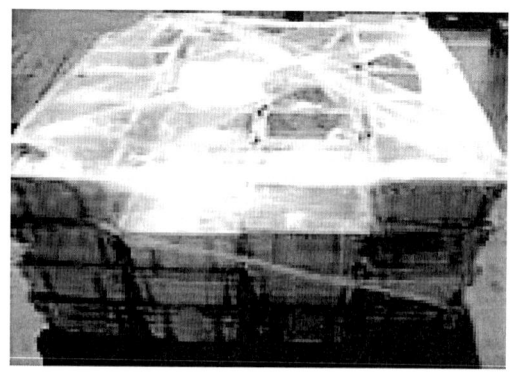 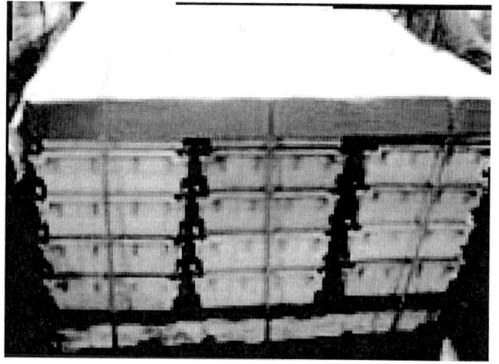

실천활동 [2] 오존층을 파괴하지 않는 냉매를 사용한 냉동컨테이너를 사용하고 있는가?

핵심활동 4.3 / 하역 · 보관 · 유통가공 ▶ 4.3.1 기기도입 · 운영

실천활동 [1] 환경부하가 높은 물류기기를 줄이고 에너지절감형/저공해형 물류기기를 도입하고 있는가?

 사가와 큐빈

서비스센터는 배송방법을 트럭에 의존하는 것이 아니라 대차와 3륜자전거를 사용한 인력에 의한 배송으로 물류의 효율화 및 CO_2 배출량과 NOx, PM등의 삭감을 가져온다. 도시등 빌딩이 집약한 지역에서는 트럭보다도 훨씬 효율적이다. 1점포 당 담당지역은 반경 400m 정도로 짧은 시간에 목적지에 도착할 수 있고, 서비스센터 1점포당 평균 4-5대의 차량 이동이 줄어들게 된다. 업무효율화를 지향한 결과 도시환경의 개선에도 연결된다. 서비스센터에서는 운전면허가 없어도 일할 수 있고, 여성종업원이 많이 고용되어 있으며, 전국 도시 중심에 251개소의 서비스센터를 설치하고 있고, 1,260개의 증차억제에 공헌하고 있다.

실천활동 [2] 인원배치와 기기운영 효율화를 통해 물류기기의 가동시간 단축을 실현하고 있는가?
　　　　　[3] 환경부하를 고려하여 물류기기의 사용을 제한하고 적절한 능력의 기기를 선택하고 있는가?
　　　　　[4] 전력, 조명, 공조 설비에 에너지 절감형 기기를 도입하고 있는가?

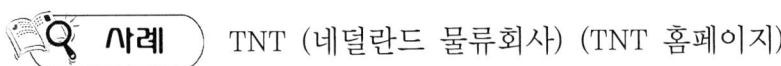 TNT (네덜란드 물류회사) (TNT 홈페이지)

■ 이산화탄소 배출 감소
TNT는 글로벌 기업으로 65개국에 걸쳐 3백만m^2의 부동산을 갖고 있으며 네덜란

드에만 1.2백만㎡를 보유하여 7만톤의 이산화탄소를 배출하고 있다. 새로운 오피스 건물과 터미널은 이산화탄소 배출을 줄이기 위한 수준으로 기획하고 있으며, 2007년 대비 6% 탄소발자국 감소를 목표로 하고 있다.

■ 에너지소비 최소화

2009년 네덜란드 후프도프에 공사를 시작한 신규 오피스 건물은 조명, 환기, 자재 등 모든 부문에서 새로 검증된 기술을 도입하여 에너지 소비를 최소화 하도록 하였다. 또한 사용하고 남은 폐 에너지도 재사용되도록 설계하였으며, 향후 5년간 네덜란드에만 7만㎡의 그린 오피스를 건립하여 TNT의 모든 사무실을 이전할 계획이다.

[그림 121] 신규 오피스 건물 (Career – Working at TNT)

■ Emission – Free

2008년 10월에는 네덜란드 비넨다알에 처음으로 탄소배출 없는(Emission-Free) 터미널을 개설했다. 1,500㎡의 면적이 140명이 근무하는 우편배송센터로 태양광설비, 집수설비, 에코화장실, 저 에너지 소비형 커피기계, 재활용 가구 등을 통하여 전통적인 터미널에 비해 70%의 에너지를 절약했다.

■ 에너지 효율성 증대

기존 건물에는 클린에너지 또는 폐열 이용 등 에너지 효율 조치들을 취하여 에너지 소비를 절감하고 있다. 이탈리아에서는 재생 가능한 수력전기를 구입하여 134개 터미널과 16개 허브에 사용하고 있다.

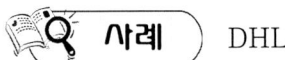 사례   DHL

■ LED 조명

이산화탄소 배출과 원가효율 면에서 긍정적인 영향이 있는 LED 조명을 2009년 독일 그레벤 우편분류센터에 설치하였다.

■ 재생 가능한 에너지 사용

독일에서 사용하는 건물용 에너지는 100% 그린전력만을 사용할 계약을 체결하여 독일 에너지 소모량의 85%는 재생가능한 공급원으로부터 에너지를 공급받게 됨으로써 기존의 전기 구매방식보다 연간 250,000톤의 이산화탄소 배출을 삭감하게 되었다.

■ 신규 터미널

2009년 DHL Global Forwarding 회사는 새로운 화물터미널을 개설하였다. 그 중 2개는 환경표준에 적합한 것으로 멜버른 공항에 설치된 항공화물터미널은 기존의 4개 건물을 하나로 모으고 빗물저장소, 태양광패널, 인공지능형 조명관리, 자전거 거치대 등을 구비하여 건물의 탄소발자국을 감소했다.
뉴질랜드 오클랜드 시설은 내부 환경품질 조치, 효율적인 조명, 오염관리 등을 할 수 있는 설비를 구비하여 기존의 시설보다 ㎡당 20%의 탄소발자국을 줄여 뉴질랜드 녹색건물위원회로부터 4성 녹색 등급(4 Star Green Star)을 받았다.

■ 지하창고

미국 DHL Supply Chain에서는 소매점 고객을 위한 지하창고를 운영하여 지상에 설치된 창고 대비하여 에너지를 65% 절감하고 1,800톤의 이산화탄소배출량을 절감한다.

■ 전기에너지 절약 캠페인

DHL은 운송과정에서뿐만 아니라 DHL 건물과 운영 시스템에서 사용하는 주요 에너지인 전력을 효과적으로 사용하기 위해 전 직원이 참여하는 전기에너지 절약 캠페인을 진행하고 있다. 부서별 담당자로 구성된 고그린팀 내 회의 및 직원들의 제안을 수렴하여 아래와 같은 실천과제를 도출하여 전사적으로 실천하고 있다.

- 전등 교체 시, 고효율 전등으로 교체
- 전력사용절약 안내문 및 캠페인 자료 배포
- 작업장내 작업시간 외 컨베이어벨트 운행 중지
- 불필요한 부분과 점심시간 전등 소등
- 옥외 광고판 하절기/동절기 타이머 설치
- 엘리베이터 사용 자제
- 전원 스위치 플러그 빼기
- 여름철과 겨울철 냉난방 적정 온도 유지

결과 : 총 10%의 전등절약(2009-2013), 총 23%의 전등 사용시간 감소 (2009-2013), 총 27%의 컨베이어 벨트 사용시간 감소(2009-2013), 연간 1,000만원의 절감 성과를 거두었다.

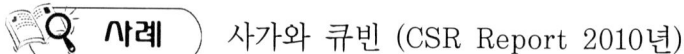 사가와 큐빈 (CSR Report 2010년)

사가와 큐빈은 전국 23곳에서 가동하고 누계 500kW 시스템을 보유하고 있다. 연간발전량은 약 50만 kWh로 국내 일반가정의 약 51,000세대의 1일분 소비전력량에 달한다.

[그림 122] 태양광 발전 시스템의 도입

 사례   IKEA (이케아)

■ 에너지 자원 관리

이케아는 미국 내 44개 매장 가운데 39개에서 태양광발전을 통해 34MW의 전력을 생산해내고 있으며 현재 물류창고와 매장을 합쳐 전체 면적이 축구장 130개 크기가 넘는 550,000여 개의 태양 에너지 패널을 설치하였다. 2014년, 건물들에서 발생하는 이산화탄소 배출량을 2013년도 대비 17% 감축시키는 데 성공하였으며 에너지 효율을 3% 증가시켰다. 또한 6개국의 나라에는 126개의 풍력 터빈을 설치하여 2010년 이후로 4천만 유로 가치의 에너지 효율성을 증대시켰다. 2015년까지 모든 매장에서 소비되는 전력의 80%를 재생 가능한 에너지원으로 생산한 전기로 운영할 예정이며 런던과 미국 전 매장과 유통센터에는 2015년까지 90% 에너지 자립을 목표로 솔라루프를 적용하고 있다.

사례 1   이온 (이온 연차 Report 2010)

■ 에코스토어의 확대

전통적인 점포와 비교하여 CO_2 배출량을 20%이상 삭감하는 것을 목표로 이온의 "에코스토어" 개점 1주년을 맞이하였다. "이온 레이크 다운은 '에코스토어'를 출발점으로 선진도약을 추진한 결과, 성 에너지 기술을 도입하지 않은 경우와 비교하여 CO_2 배출량을 약 24%(11,000t-CO_2) 삭감하였다. 2009년도는 에코스토어 10호점으로서 '이온 土浦 쇼핑센터(SC)를 오픈하였다. 신형 솔라판넬과 같은 환경을 고려한 최신 기술과 조직을 도입하는 등 CO_2 배출량의 삭감에 노력하고 있다.

〈표 29〉 에코스토어의 컨셉과 8가지 접근방법

변혁과 기술 혁신 / 학습과 협동 / 정보 발신	하드적인 측면	1. 에너지절약 --- 그 땅에 가장 적합한 바람, 태양, 물등의 자연에너지를 적극적으로 이용한다. 2. 환경효율 --- 환경부하가 적은 자재를 사용하여 점포를 만든다. 3. 자연환경 --- 자연의 빛과 소리와 물을 도입하는 공부를 한다. 4. 경관,생물다양성--- 사람뿐만 아니라 많은 생물이 모이는 공간을 제공한다.
	소프트웨어적인 측면	5. 안전, 안심, 환경배려 -- 환경을 배려한 상품을 적극적으로 모두에게 미칠수 있다. 6. 폐기물의 지역순환 --이온으로부터 일하여 지역의 모든 분(행정,NPO도 포함)과 함께 지역에서의 폐기물 순환을 추진한다. 7. 정보개시 ---- 점포, 이온전체가 추진하는 환경에 관한 정보를 알기 쉽게 모두에게 알린다. 8. 21세기형 커뮤니티 -- 레지대가 필요없는(=자원의 낭비 사용을 하지 않는 다) 점포를 지향한다.

사례   월마트

■ 재생에너지 프로젝트

월마트는 현재 180개 이상의 재생가능 에너지 프로젝트를 운영 및 개발 중에 있다. 자사와 관련된 모든 지역에서 재생가능 에너지의 잠재력을 극대화하기 위해 소형 풍력발전기를 비롯해 대형 풍력발전소, 물집열 방식(태양광을 흡수, 열매체로 물을 가열하는 방식) 등에 대한 연구 프로젝트를 활발히 진행하고 있다. 이 중 태양광 발전과 관련된 대부분은 전력구매계약을 통해 시행되고 있다. 전력구매계약이란 제3의 개발자가 월마트 매장 및 시설 지붕에 태양광 발전기를 설치하고 직접 소유해 운영하면, 월마트는 장기계약을 통해 저렴하게 전기를 사들임으로써 친환경 에너지 확산에 기여하게 된다. 2013년, 월마트는 215개 지역에서 태양광으로 89MW의 전력을 생산하고 있다. 이는 2만 2250개 가정에 제공되는 전기의 양보다 많으며, 미국 38개 주에서 생산하는 전기보다 많은 양이다. 태양광 발전 설치는 1kWh 당 250~300원 정도의 만만치 않은 발전 비용이 드는데도 불구하고 녹색경영을 위해 투자한 결과, 2013년 3월 월마트는 2005년 이전에 건립한 자사의 모든 시설에서 발생하는 온실가스 배출량을 20% 감소시키는 목표를 달성하였다.

실천활동 [5] 냉장/냉동창고에 Non-프레온(Non-CFC) 냉매를 활용하고 있는가?
　　　　 [6] 냉장/냉동창고에 외부공기가 들어가지 않도록 하는 조치를 취하고 있는가?
　　　　 [7] 냉장/냉동이 필요한 상품이 과잉 냉각되지 않도록 하고 있는가?

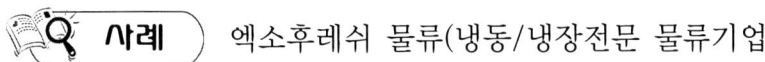 사례　엑소후레쉬 물류(냉동/냉장전문 물류기업)

■ WRMS(Web Remote Monitoring System)
WRMS는 엑소후레쉬 물류의 모든 물류센터 내 온도를 Web상에서 실시간으로 모니터링하는 시스템이다. Cold Chain System의 관리 핵심인 온도관리에 있어 물류센터 내의 제품의 신선함을 유지하기 위하여 제품의 냉장, 냉동온도 관리를 원격모니터링으로 관리하고 있다. 냉장·냉동 창고의 실시간 온도는 항상 인터넷에서 확인할 수 있으며, 이상유무를 체크하여 원격으로 즉시 처리할 수 있다. 관리기준을 벗어날 경우 담당자의 휴대폰으로 "alarm message)"가 전송되어 즉각 대응 할 수 있도록 하는 서비스 시스템이다. 아울러 Web상의 모니터링의 번거로움을 해소하기 위해 중앙 관제실에 전광판 형태로 실시간의 온도를 보여주고 있다.

핵심활동 4.3 　하역 · 보관 · 유통가공 ▶ 4.3.2 레이아웃 · 설계

실천활동 [1] 물류량 및 작업동선의 변동을 분석하여 창고레이아웃이나 재고위치를 변경하고 있는가?

 현대모비스 (지속가능보고서 2010년)

■ 지속적인 물류 합리화 활동 추진

2000년부터 물류 합리화 및 물류기지 구조조정을 추진한 결과, 부품공급의 효율성을 높여 적기 공급을 실현하고 있다. 창고 표준화, 재고감축, 물류 프로세스 개선 등과 같은 지속적인 물류 혁신 활동은 2008년 대비 2009년 물류비 절감비율(매출대비) 12.22%라는 가시적인 성과로 나타났다. 현재 국내에서는 11개 권역 부품사업소, 5개 물류센터, 17개 부품센터에서 운영하고 있으며, 북미 및 중국의 물류센터를 포함한 21개 해외 거점에서도 운영된다.

[그림 123] 3차원 물류관리 시스템

2008년 12월부터 '3차원 물류관리시스템'을 구축, 운영하고 있으며, 작업자가 3차원 입체화면으로 불출 빈도가 높은 부품의 최적 보관위치를 분석·관리함으로써 생산성 향상과 재고비용의 감소를 꾀하고, 고객에게 신속한 A/S 부품을 공급할 수 있는 시스템이다.

 현대제철 (현대제철 홈페이지)

■ 밀폐형 설비 도입

세계 최초로 제철 원료의 하역, 운송, 저장 전 과정에 밀폐형 설비를 도입하였다. 현대제철은 세계 최초의 밀폐형 원료처리 시설을 건설하여 제철소 조업 중 발생하는 각종 대기 오염물질의 방출을 최소화하고자 한다. 철광석 등 제철 원료의 하역, 운송, 저장 전 과정에 밀폐형 설비를 도입함으로써 환경오염을 최소화 하는데 노력하고 있다.

[그림 124] 원료처리시설 공정도 (S.H.E. - 환경 - 환경친화설비)

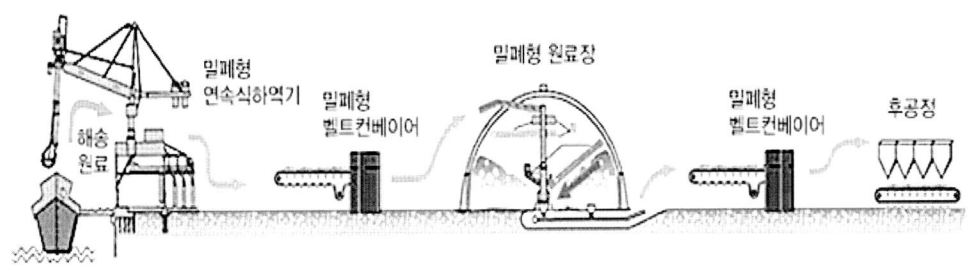

[그림 125] 밀폐형 하역 설비(S.H.E. - 환경 - 환경친화설비)

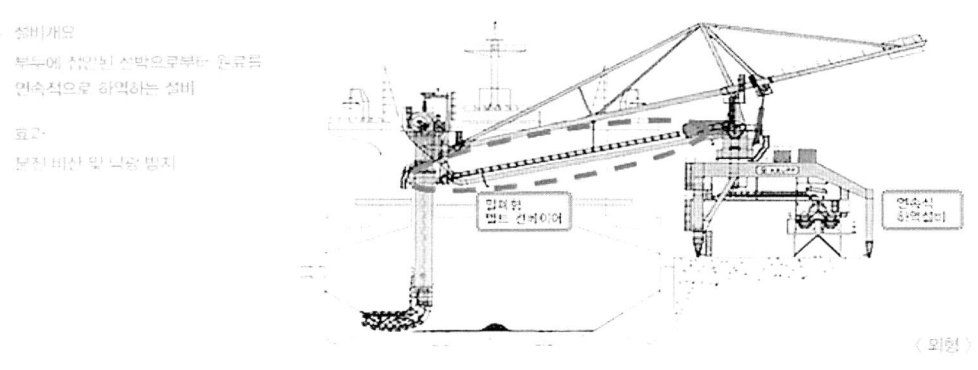

[그림 126] 밀폐형 벨트 컨베이어(S.H.E. - 환경 - 환경친화설비)

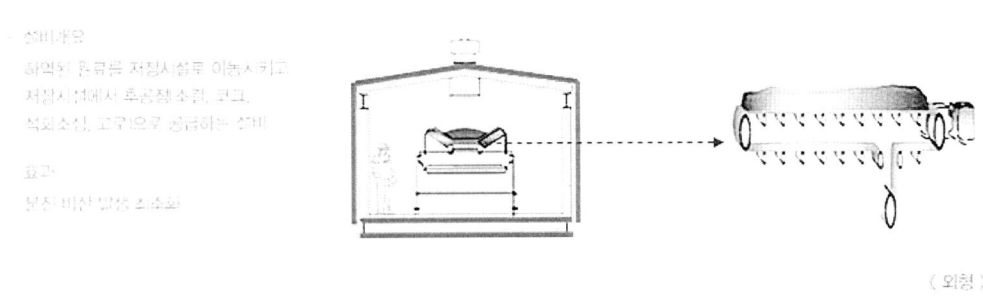

[그림 127] 밀폐형 원료 저장 시설(S.H.E. - 환경 - 환경친화설비)

· 설비개요
원료 부두로부터 하역된 원료를
저장하는 시설

· 효과
분진 비산 및 오탁수 발생 최소화

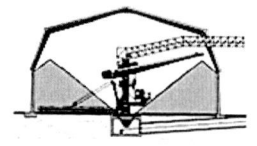
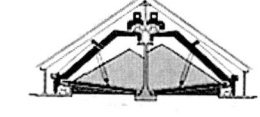

원 형　　　　　　　선 형

〈 외형 〉

실천활동 [2] 입출하 차량이 혼잡, 교착, 체류하지 않도록 시설 및 레이아웃을 점검하고 타임스케줄을 관리하고 있는가?
[3] 하역중에 냉동/냉장차량의 아이들링 방지를 위하여 차량용 전원컨센트를 설치하고 있는가?
[4] 화물 하역 중 대기시간의 공회전을 방지하기 위하여 운전기사 대기실을 설치하고 있는가?
[5] 파렛트랙, 파렛트서포트 등을 사용해서 보관효율을 향상시키기 위한 노력을 하고 있는가?

 농협물류 (농협물류 홈페이지)

[그림 128] 파렛트 타이징 출하지도 (신선물류산업)

선진차량 투입을 통해 실시간 온도관리 정보를 제공하고, 실시간 위치추적장치 부착을 통해 출하주의 물량 공급의 안정성을 도모하며 전국적인 물류네트워크 구축으로 농업부문 물류효율화를 선도하여 비용 절감을 가져온다.

핵심활동 4.3 / 하역 · 보관 · 유통가공 ▸ 4.3.3 물량 표준화

실천활동 : 입고-출고 간의 차이를 최소화하여 재고를 평준화함으로써 보관공간을 최소화하고 있는가?

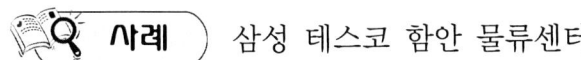 삼성 테스코 함안 물류센터

■ 크로스도킹 체제 및 AMT 운영

함안센터는 100% 크로스도킹으로 운영된다. 따라서 협력업체가 오후 1시부터 자정까지 상품을 센터로 가져오면 파렛트에 바코드를 부착해 무선핸드터미널로 입고를 확정한 후 이를 곧 점포별로 분리한다. 함안센터는 바닥에 Line-Marking을 하고 천정에 넘버를 부착해 점포별로 로케이션을 관리하게 된다. 바닥은 장비의 수명과 안정성을 고려해 목천센터와 마찬가지로 초평탄 바닥으로 시공했다.

피킹은 100% Paperless로, AMT(Arm Mounted Terminal)을 이용해 진행된다. 손목 부착형 RF 무선단말기인 AMT는 심벌사의 초소형, 최첨단 링 스캐너로, 건 타입의 일반 스캐너와 달리 양손을 사용해 스캔과 피킹을 동시에 진행함으로써, 작업의 단계를 줄일 뿐 아니라 생산성과 피킹의 정확도를 높여 준다. 피킹은 해당 점포에 제품을 매치시키는 PTS(Put to Store) 방식으로 이뤄지며, 이때 피킹되는 제품은 케이스가 94%, 파렛트가 6%정도이다.

피킹된 제품은 다시 무선핸드터미널을 통해 출고되며 파렛트와 롤케이지로 나뉘어 배송된다. 배송은 2.5톤 트럭부터 트레일러까지 다양한 차량을 이용해 이뤄진다. 따라서 소형차량도 상하차할 수 있도록 도크 높이와 레벨러를 설계했다. 도크의 개수는 입고 22개, 출고 26개 총 48개이다.

운송비용 절감을 위해 현재 목천센터에서 시행하고 있는 선행물류(Primary Distribution) 및 Backhaul 시스템을 함안센터에도 도입한다. 선행물류는 소량납품업체의 공장을 차량이 순회하면서 공동집하하는 시스템인데 반해, Backhaul 시스템은 점포로 배송나간 차량이 점포 근처에 위치한 납품업체에 들러 집하하는 것을 말한다.

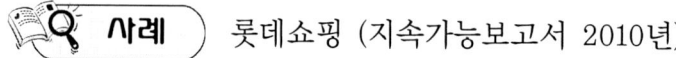 롯데쇼핑 (지속가능보고서 2010년)

■ 진열-발주 선진화(POG-新CAO) 구현

◇ POG : Plan-O-Gram, CAO : Computer Assisted Ordering
롯데마트는 업체에서 고객에 이르는 Value Chain상에서 최적의 상품 흐름을 실현함으로써, 판매기회로스를 최소화하고 고객만족을 극대화하기 위해 국내 최초로 진열-발주 통합솔루션시스템을 구축하여 과다재고 축소, 매출증대 등 영업활동 전 분야에서의 획기적 개선을 이룩하였다.

◇ POG(표준진열대장) 제작 및 진열관리
상품구색분석, 지역별 특성분석, 매출분석 등을 통하여 최적의 상품을 선정하여 매대 효율을 극대화하는 현장중심의 최적화된 상품 진열용 도면으로써, 점별 특화된 진열관리를 상품의 진열량까지 반영하여 현재 롯데마트 국내 70점 전체에 적용중이다.

◇ 첨단 자동발주 시스템(新CAO) 독자개발
점포 영업담당의 주관적 판단에 의한 기존 수동발주 방식에서 2008년 국내유통업계 최초로 판매량 뿐만 아니라 실제 진열량까지 자동으로 발주에 연동되는 新CAO(자동발주시스템)의 독자개발에 성공하여 국내에서 유일하게 제3세대 발주기법(POG-新CAO 발주연동)을 구현하였다.

◇ POG-新CAO시스템 도입효과 분석
독자개발한 진열-발주-재고관리 통합솔루션(POG-新CAO시스템)을 통하여 보유재고는 점진적으로 재고는 축소, 재고보유일수는 지속적으로 개선 되었다.

[그림 129] POG-新CAO 시스템 구조

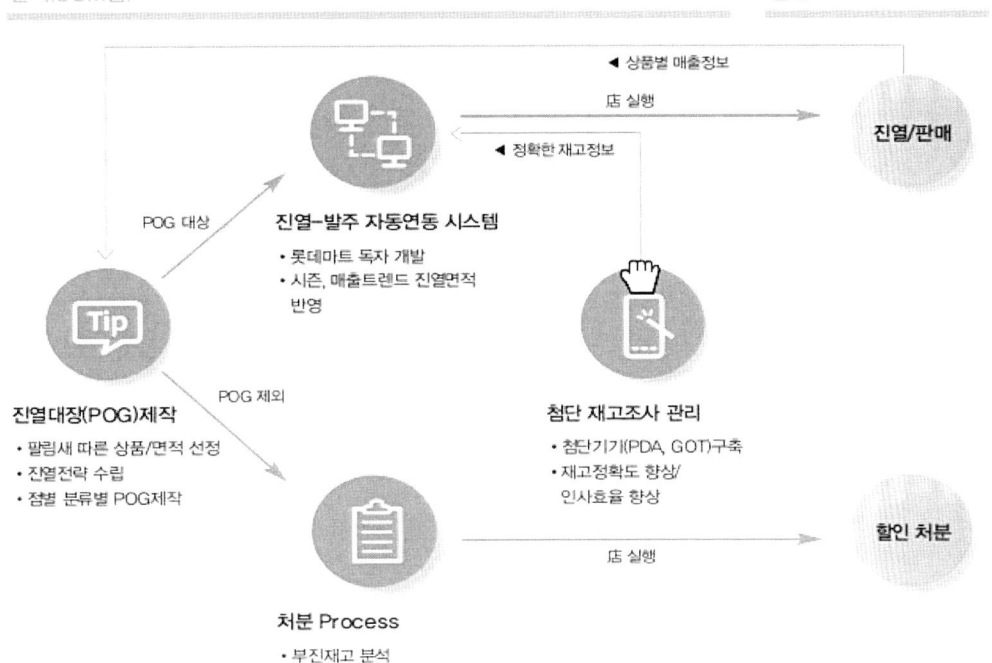

핵심활동 4.3　하역 · 보관 · 유통가공 ▶ 4.3.4 자재, 재고 삭감 · 변경

실천활동 [1] 장기재고, 불용재고 등의 낭비재고를 줄임으로써 보관공간을 최소화하고 있는가?

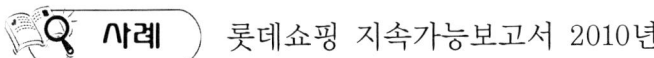　롯데쇼핑 지속가능보고서 2010년

■ Lean Transformation

2007년 롯데마트는 국내 유통업계 최초로 토요타 생산방식(TPS)을 모테로 한 美 MIT의 Lean Program을 적용하여 차별화된 혁신 활동을 진행하고 있다. 불필요한 낭비를 제거하고 업무 프로세스를 개선하여 업무 효율성 제고에 기여하고 있다.

[그림 130] Lean Transformation의 기본체계

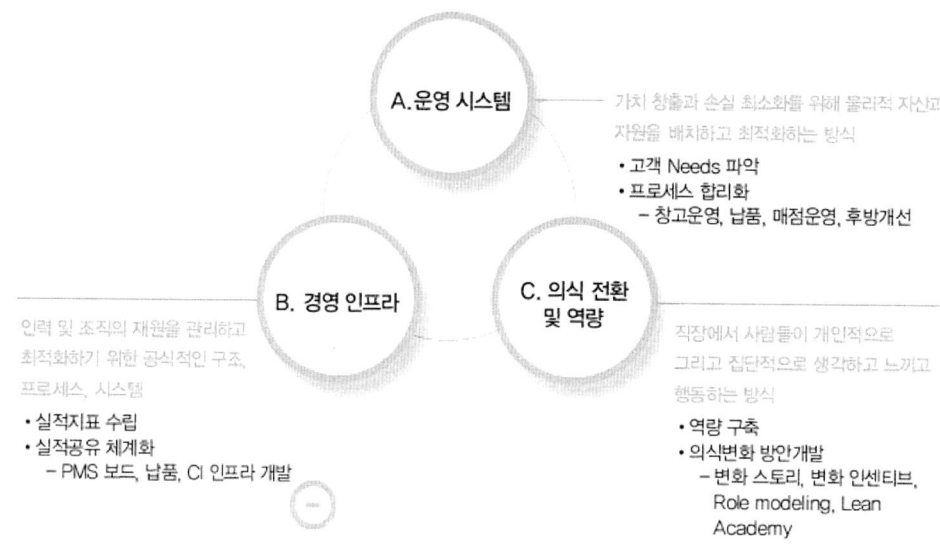

◇ Lean Transformation의 특징
 - 프로세스 전 과정에 걸친(End-to-end) 최적화를 지향
 - 과학적 기법으로 프로세스를 분석, 개선→지속적인 성과 및 변화 관리
 - 새로운 역량개발과 의식전환에 기인한 지속적인 성과개선 활동
 - 조직 전부문에서 Top-down, Bottom-up 시각 통합

◇ 운영성과

롯데마트는 프로그램 개발을 위해 Master급의 전문 변화관리자(Change Agent)를 육성시켜 나가는 한편, 각 영업장에서 자체적으로 Lean Transformation을 유지, 발전시켜 나갈 수 있도록 193명 (2010년 말 기준)의 Local Agent를 발굴·육성해 나가고 있다. 이와 혁신활동의 성과는 2009년 말 누계 약 154억 원의 비용절감과 44억 원의 수익창출로 나타나고 있다.

향후 Lean Transformation은 기존 영업점 현장중심의 혁신/개선 차원을 넘어, 본사 각 부문의 상품 매입과 마케팅, SCM, 경영지원 등의 업무에도 활용될 뿐 아니라 해외 사업장 및 신규 인수 사업장에 대하여도 도입되어 업무 효율성 향상에 기여할 것으로 기대된다.

[그림 131]
Lean Transformation 도입을
통한 영업이익율 개선

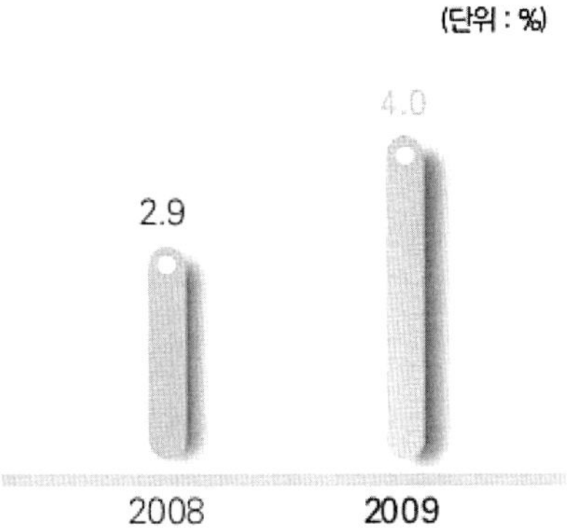

(단위 : %)

2.9 4.0
2008 2009

[그림 132]
재무적성과 요약

효과적인 운영 개선에 의한 전사적 수익성 개선

(단위: 백만 원, %)

항목	2008	2009	누계 성과
인건비	2,204	9,800	12,004
판매관리비	35	871	906
재고비용	377	2,075	2,452
상품이익액	709	2,428	3,137
신규수익		555	555
물류효율화	146	586	732
개선 성과계	3,471	16,315	19,786

실천활동 [2] 하역/보관/유통/가공에 필요한 자재를 구입시에 소재의 환경성을 고려하고 있는가?

 사례   아모레 퍼시픽 (지속가능보고서 2009년)

■ 아리따운 구매(Beautiful Fair Trade)

아모레포시픽은 지속가능제품 개발의 일환으로 지역사회와의 조화를 추구한 제품을 만들기 위해 2010년부터 '아리따운 구매'를 시작했다. '아리따운 구매'는 아모레퍼시픽 고유의 공정무역 활동으로, 원료를 선택하고 구매하는 과정에서 원료 안전성, 환경보존, 지역사회 공헌의 3대 원칙을 지킴으로써 환경과 사회에 긍정적으로 기여하는 것을 목적으로 한다. '아리따운 구매'의 첫 파트너는 제주 동백마을(서귀포시 남원읍 신흥2리)이다. 2010년 2월에 협약을 맺고 제주 동백마을에서 친환경적으로 수확한 동백 원료(씨앗, 꽃)를 지속적으로 구매할 것을 약속함으로써 마을 주민 150여 명에게 마을 공동의 소득원을 제공하였다. 동백 원료를 시작으로 앞으로 다양한 국내외 원료를 '아리따운 구매'를 통해 확보해 나갈 계획이다.

[그림 133] 아리따운 구매 3대 원칙

원료 안전성	지역사회 공헌	환경보존
고객이 안심하고 쓸 수 있도록 재배과정 철저한 모니터링	지역사회가 생산한 원료를 지속적으로 사용함으로써 지역사회 발전에 공헌	원료의 재배, 가공, 운반 전 과정에서 환경에 미치는 영향 최소화

[그림 134] 동백꽃과 씨앗을 수확하고 있는 제주 동백마을 주민들

■ 그린 스타터 장착

그린 스타터는 신호 대기 시 시동을 자동으로 On/Off해주는 전자제어 시스템으로 2008년에 2대의 수송용 차량에 시범적으로 적용했던 것을 2009년 7월부터 전체 126대의 차량에 확대 적용했다. 그린 스타터 장착으로 차량당 연비가 평균 9.2% 향상되어 온실가스 배출이 저감되었다.

[그림 135] 그린 스타터 장착

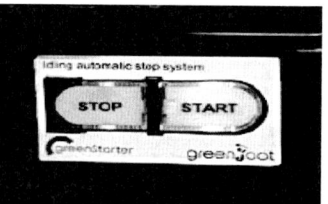

■ 연료 전환 및 수송차량 대형화

2009년에 경유 차량이었던 배송용 차량 1대를 청정연료인 LPG(LPi)차량으로 개

조하였다. 이 차량은 기존 경유 차량과 비교하여 질소산화물(NOx)은 98%, 일산화탄소(CO)는 74% 저감되는 효과가 있다. 또한 김천 물류센터에서 부산물류센터로 제품을 수송하는 11톤 트럭 2대를 트레일러 1대로 대형화하여 2009년 2월부터 운행하였다. 이를 통해 하루 약 62L의 연료를 절감하였으며, 2009년 한 해동안 이산화탄소를 총 32.3톤 저감하는 효과를 거두었다.

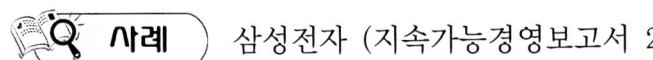

사례) 삼성전자 (지속가능경영보고서 2014년)

■ 녹색구매

녹색 생산자로서 제품 책임주의(Product Stewardship) 구현을 위해 노력하고 있는 삼성전자는 2005년 환경부의 산업계 녹색구매 자발적 협약에 1차 협약기업으로 가입했다. 또한 친환경제품 구매를 장려하기 위해 2007년 친환경제품 우선구매

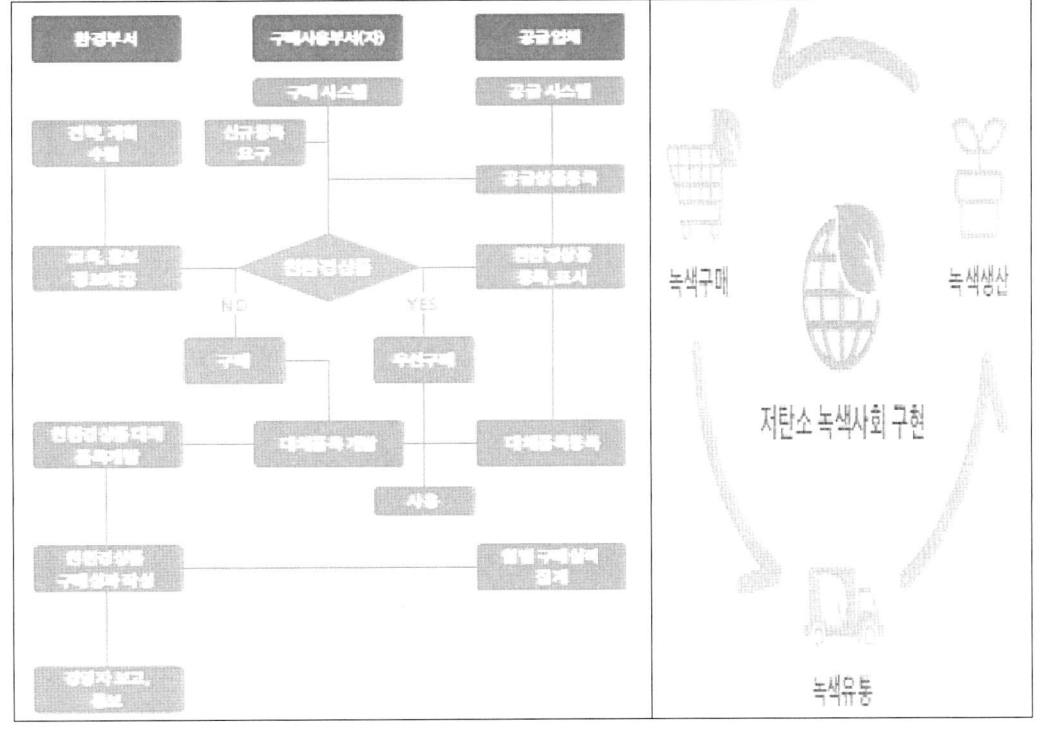

[그림 136] 녹색구매 프로세스   [그림 137] 녹색구매 비전

지침과 환경 매뉴얼, 녹색구매 규정을 제정하여 시행하고 있다. 이를 통해 업무 및 제조 과정에서 필요한 사무용품 및 소모품 등을 친환경제품으로 구매하고 임직원 대상 녹색경영 교육을 통해 친환경제품 구매를 장려하고 있으며 전자 제품에 사용되는 부품과 원재료에 대해서도 유해물질 관리체계를 구축하고 삼성전자의 친환경인증을 받은 부품과 원재료를 협력사로부터 구매하고 있다.

〈표 30〉 국내 녹색구매 실적

항목	2011년		2012년		2013년	
	품목수	금액(백만원)	품목수	금액(백만원)	품목수	금액(백만원)
유해물질 저감부품	다수	75,115,246	다수	77,671,452	다수	77,677,131
친환경제품 (환경마크)	445	38,590	362	55,733	877	66,109
합계	다수	75,153,836	다수	77,727,185	다수	77,743,240

핵심활동 4.4 환경성과 ▸ 4.4.1 커뮤니케이션

실천활동 [1] 녹색물류 활동 내역을 환경보고서나 지속가능성보고서 등에 기재하고 있는가?

사례 LG생활건강 (지속가능보고서 2009년)

LG생활건강은 지속적인 성장 기반을 구축하고 경쟁 우위를 유지하기 위해 친환경 물류 활동을 강화해 나가고 있다. 다음과 같은 사항을 지속가능보고서에 포함하고 있다.

■ 물류 효율성

◇ 수송경로 단축
경북 구미에서 생산되고 있는 지류제품(LG유니참 기저귀)은 그동안 홈쇼핑 판매를 위해 오산의 가공장소까지 장거리 수송을 하였으나, 가공 작업을 대구 물류센터로 이관하여 수송 거리를 단축하고 유통가공 작업 효율성을 제고할 수 있게 되었다.

◇ 수송 차량 대형화
수송 협력회사와 연계하여 기존 11톤 주력 차량을 14~24톤 등으로 대형화하여, 차량당 적재효율을 높이고 차량운행 대수를 감축하는 활동을 추진하고 있다.

◇ 배송차량 연비 관리 도입
물류센터별 배송차량의 연비 관리를 통해 차량 생산성 향상 및 유류 사용량 절감을 유도하고 있다. 운송 차종별 인정연비를 도입하여 유류대 지급 기준을 표준화 하였으며, 주행거리 관리 및 경제운전 활동 모니터링(급출발, 급제동, 경제속도, 공회전)을 통하여 유류비 절감 및 배출가스 저감을 추진하고 있다.

◇ 백홀링(Backhauling) 실시
백홀링은 유통업체의 점포 배송을 마친 차량이 돌아오는 길에 인근 협력회사의 제품을 싣고 회차하는 운송시스템을 말한다. LG생활건강은 백홀링의 에코 효율성을 인지하고 유통업체 백홀링 차량의 공동 이용을 추진하였으며, 현재 이마트, 홈플러스와 백홀링을 실시하고 있다.

◇ 포장모듈 개선
화장품 다빈도 소량 주문 증가에 따른 낱개 포장 박스 투입량 증가를 완화하기 위해, 거래업체 주문 단위의 MOQ(Minimum Order Quantity)를 2007년 3월 도입한 데 이어, 2009년에는 MOQ 기준을 상향 조정하였다.
이에 낱개로 출하되는 포장박스의 절대 투입량이 감소함에 따라 단위 배송을 통한 배송 생산성 향상이 이루어졌다. 또한, 대내외 생산-디자인-포장개발-물류 부문 간 포장물 사양 확정 전에 팔레트 적재 효율에 대한 검토 단계를 추가하여 운송·하역·보관 비용을 최소화 하고 있다.

[그림 138] 백홀링

◇ 물류 효율성 성과

물류 체계 재구축, 물류 합리화, 공급망 최적화를 수행하여 매출액 대비 물류비 비율을 2005년 3.5%에서 2009년 2.4%로 낮춤으로써 물류 경쟁력을 제고하였다.

[그림 139] 물류비 비율

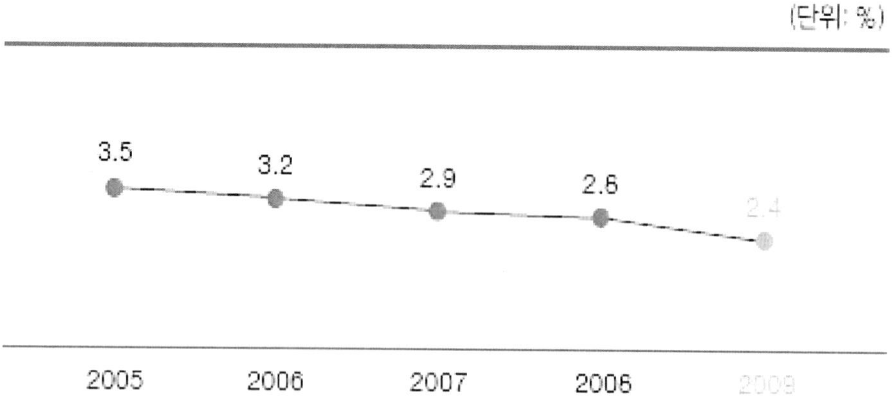

◇ 에코드라이브

[그림 140] 에코드라이브(Eco-Drive) 활동

안전운전 및 경제운전 습관화를 통해 연비 향상을 도모하고자 2008년 5월부터 Eco-Driving 캠페인을 전개하고 있다. Eco-Driving은 Ecology와 Economy의 합성어로 지구 환경을 살리고 에너지를 절약하자는 취지하에 시행되고 있는 친환경적이고 경제적인 운행 캠페인이다. 전 구성원이 Eco-Drive를 실천할 수 있도록 포스터, 차량용 스티커를 배부하였으며, 배송매니저 교육 시 에코 드라이브 10계명을 홍보함으로써 에코 드라이브 마인드 확산 및 경제운전을 통한 배송차량 운행 효율성을 높이고 있다.

 사례) BGF 리테일 (BGF 리테일 COP 보고)

■ 녹색물류 실현

BGF리테일은 2008년 UN Global compact에 가입하고 해마다 COP(Communication on progress)를 통해 UNGC의 10대원칙 준수를 공시해왔으며 환경문제를 개선하기 위해 노력해온 BGF 리테일은 녹색물류에 대한 내용을 COP Report(2013)에 기술하였다. BGF 리테일은 선진적인 친환경 물류·운영 프로세스를 구축하여 CO_2 및 에너지 절감에 적극적인 노력을 기울이고 있다. 2008년부터 에너지 효율화를 위한 녹색물류 프로그램을 시행해왔으며 2012년 에너지목표관리제 협약 체결(국토부)을 통해 에너지사용량 및 온실가스 배출량 감축을 위한 사업추진 전략을 수립하고, 통합단말기 도입 및 표준연비제도 도입 등으로 약 6억원에 이르는 비용절감 효과를 거뒀다. 또한 현재 운영 중인 친환경 안성 물류센터(BGF

로지스 용인안성센터)는 태양광시스템을 통해 연간 14.9TC의 CO2감소 실적을 보이고 있다.

<표 31> 연도별 물류차량 연비 실적 추이 (Km/L)

구분	2009	2010	2011	2012	2013
상온	6.78	6.85	7.09	7.12	7.50
저온	6.24	6.27	6.45	6.47	6.50

 사례 유한킴벌리 (지속가능보고서 2014년)

■ 공급망 저탄소화

◇ 녹색물류
녹색물류 운영 및 녹색 협업 강화를 통해 환경영향 감소 노력을 지속하고 있습니다. 또한 녹색물류 기업 인증제도 및 물류에너지 목표관리 협약체결 등 정부정책에 적극 참여하고 있다.

◇ 네트워크 연계를 통한 물류 거점 축소
다중 물류 거점을 활용하던 유통구조를 개선하기 위해 생산 공장에 물류 창고를 건설함으로써 적재 공간을 마련하고 네트워크 시스템을 구축하여 물류 거점을 축소하고 있다. 2011년 13개이던 물류 거점은 2015년 3개 공장을 중심으로 재편되어 차량 변경을 위한 4개 거점으로 축소될 예정이다. 생산된 제품은 각 공장에 집약되어 재고관리가 용이하고, 적재를 위한 거점으로의 이동에 발생하는 물류 비용 및 배기가스 등을 감축할 수 있다.

◇ 물류 흐름 개선_크로스도킹(Cross Docking) 및 자동배차관리시스템의 도입
크로스도킹이란 생산된 제품을 다른 물류센터에 보관하지 않고 공장에서 일시 보관 후 곧바로 유통 및 대리점에 배송하는 물류 시스템이다. 보관 단계를 제거하여 생산된 제품이 바로 판매가능한 제품으로 전환됨에 따라 배송기간과 물류

비용을 절감하고, 공장 직송으로 빠르게 배송하여 고객서비스를 향상시키기 위해 도입했다. 또한 고객이 요청한 주문에 대해 효율적이고 정확한 배송을 위해 2013년 자동배차관리시스템을 디자인하기 시작하여 2014년 운용을 시작했다. 자동배차관리시스템을 도입함으로써 효과적인 배차를 통해 운송비용의 절감은 물론 배기가스 감축 등 환경영향을 감소시키고 있다.

◇ 물류운영 최적화
하기스 온라인 주문에 따른 물류 흐름을 개선하기 위해 온라인 물량을 관리하는 대리점을 생산 공장에 입점 시켜 제품의 이동을 최소화시켰다. 이를 통해 물류비용의 절감뿐만 아니라 주문에 따른 빠른 배송으로 높은 고객 만족도를 창출해 내고 있다.

[그림 141] 물류 운영 최적화 (변경 전, 후)

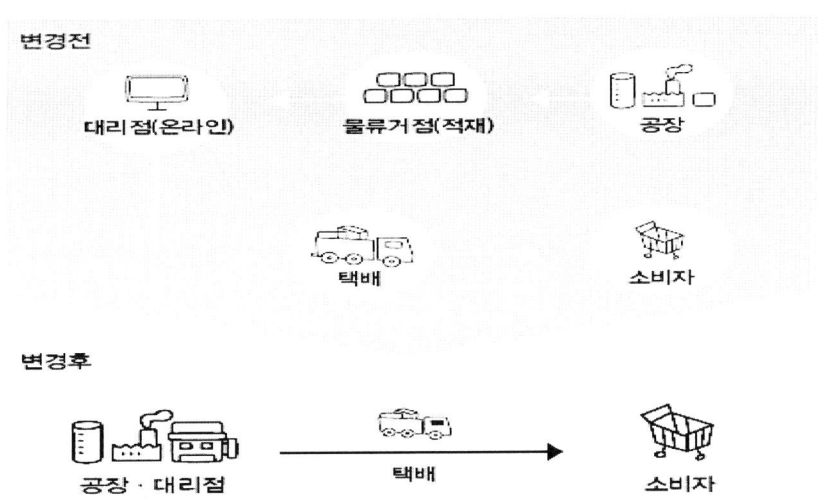

◇ 녹색물류를 통한 온실가스 감축 효과
유한킴벌리는 물류와 관련된 다양한 방법의 활용으로 운송 효율을 향상시키고 온실가스를 감축시키고 있다. 2013년 배송 차량 5대 대형화(8톤→11톤), 선행물류, 직송 및 현지출고 확대, 복화운송 등을 통해 연간 온실가스 총 1,303.36tCO2e를 감축하였다.

 사례   혼다 (혼다 환경연차 Report 2009)

환경문제를 심각하게 생각하고 해결하기 위해 노력해온 혼다는 다음과 같은 내용을 지속가능보고서에 기술하였다.

■ 지속가능 물류 전략

◇ 글로벌 환경 매니지먼트

혼다는 제품의 생애에 걸친 환경부하를 평가하는 Life Cycle Assesment(LCA) 사고방식에 근거하여 현 단계에서 인식 가능한 환경영향을 정리하고 분석한 뒤에 각각의 과제를 영역별로 구체적인 추진방침을 정하고 있다.

[그림 142] 글로벌 환경 매니지먼트

영역	환경부하요소	환경에의 영역	주요추진내용
상품개발	배출가스 소리	지구 규모적인 환경부하	**· 배출가스 그린화** **· 연비향상** **· 소음저감** **· Recycle 향상**
		지구 온난화 오존층파괴 자원고갈	
구매			· 그린구매추진
생산	폐기물 배출가스 배수 소비 화학물질	대기오염	· Green Factory 추진
수송	폐기물		· Green Logistics 촉진회의
판매	교환부품 프론 폐기물	폐기물 수질오염	· Green dealer 추진 (사륜차, 이륜차, 범용제품)
제품의 자원순환 3R	사용완료제품	토양오염 소음	· 부품회수,재이용 확대 · 사용완료 제품의 적정처리 · 리사이클 지원기술
오피스	폐기물	지구적인 환경과제	Green Office추진

◇ 영역별 전략

- 구매영역

Honda에서는 독자적으로 "Honda 그린 구매가이드라인"을 정하여 거래처와 함께 환경부하가 적은 자재·부품의 조달을 진행하고 있다. 환경을 배려한 자재와 부품의 적극적인 조달을 목표로 하여 2001년도 "Honda 그린 구매가이드라인"을 책정하였다. 목표치와 관리항목을 거래처와 공유하고, 목표달성을 위하여 추진할 것이다.

[그림 143] 그린구매 추진

⟨표 32⟩ Honda 그린 구매 가이드라인 틀

	분류	관리항목	목표
제품	제품함유율(구입부품의) 화학물질관리	제품(부품자재)에의 함유량	Honda화학물질가이드라인 지정일정을 준수한다.
제조	거래선 환경부하 관리	CO_2 배출 폐기물량 (매립량 삭감)	2010년도: 2000년도 대비 6% 2007년도 : 매립처분 제로
체질	거래선 환경매니지먼트시스템전개	ISO14001 취득추진	2005년도 : 국내거점완료

- 판매영역

그린딜러활동의 일환으로서 각 판매점은 전기, 물, 휘발유 등 에너지 사용량을 입력하면 CO_2 배출량과 금액으로 환산되는 "Honda 환경가계부"를 활용하고 있다. CO_2 배출량을 파악·관리하는 것으로 환경부하를 저감함과 동시에 원가 절감으로 연결되고 있다.

Honda는 2000년도부터 전국의 Honda차 판매회사를 대상으로 그린딜러제도를 도입하고 있다. 이는 환경매니지먼트시스템에 관한 국제규격ISO14001의 know-how를 도입, 4륜차 판매회사의 환경실태에 적합한 내용을 넣어 독자적으로 구축한 인증제도이다. 2009년 3월말까지 2,282거점이 "베스트 그린점"의 인증을 받았다. "베스트 그린점"에서는 "에너지효율향상", "지역사회 공헌", "환경보전의 향상"을 위한 활동을 전개하고 있고, "에너지효율향상" 활동의 일환으로 에너지절약 활동·에코드라이브 등을 추진하고 있다.

[그림 144] 그린인정제도 점포 수 추이

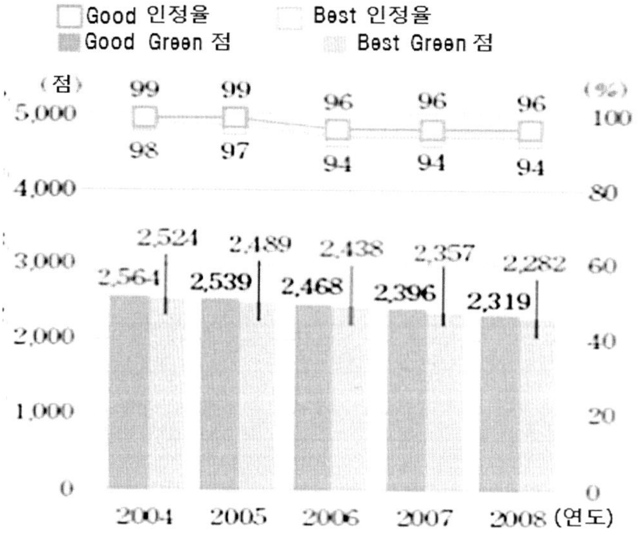

[그림 145] 그린 딜러 추진

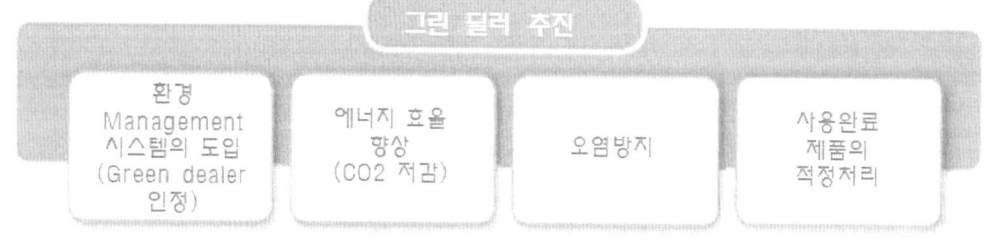

<표 33> 판매 연차 목표와 실적

	2008년도 주요목표		2008년도 주요실적
4륜차	4륜차판매점(연결회사)CO_2 배출량 원단위 : 1% 삭감(2007년도 대비)	▶	판매대리점(연결회사)CO_2 배출량원단위 : 15.9% 삭감(2007년도 대비)
2륜차	2륜차판매점(연결회사)CO_2 배출량 원단위 : 1% 삭감(2007년도 대비)	▶	판매대리점(연결회사)CO_2 배출량원단위 : 1.1% 삭감(2007년도 대비)
범용 부품	범용판매점(연결회사)CO_2 배출량원단위 : 1% 삭감(2007년도 대비)	▶	판매대리점(연결회사)CO_2 배출량원단위 : 4.2% 삭감(2007년도 대비)

- 오피스 영역

[그림 146] Green Office 추진

2008년도는 원점으로 돌아가 주위의 에너지 절약대책을 추진하였다. 그 결과 혼다 단독의 오피스빌딩에서 CO_2 배출량은 12,218 CO_2 톤으로 목표인 12,992CO_2 톤에 대하여 774CO_2 톤을 삭감하였고, 목표치의 106.0%를 달성했다. 전년도 비는 913CO_2 톤, 7.0% 삭감 되었다.

[그림 147] 오피스 연차목표와 실적

◇ 지속가능물류 실행결과

- 수배송

[그림 148] 그린로지스틱스의 추진

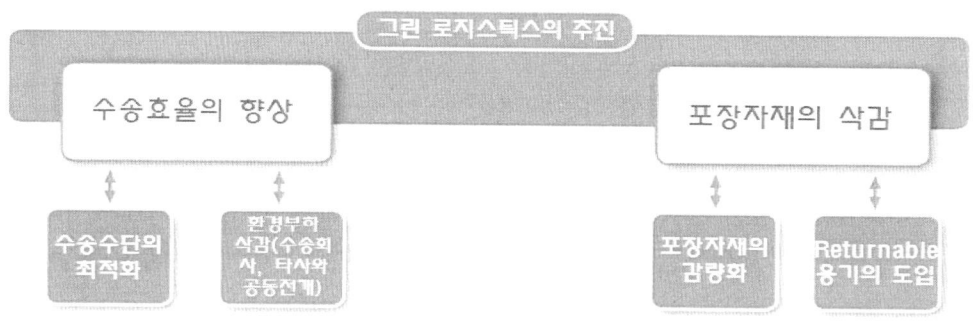

2008년도 4륜차, 이륜차, 범용제품, 보수부품의 수송으로 발생한 CO_2 배출총량은 74,893CO_2 톤이 되었다. 2006년 4월 "개정에너지절약법"의 시행되었고 수송부문에 있어서는 화물량(톤)과 수송거리(km)를 곱한 값이 연간 3,000만 톤킬로 이상 되는 기업이 "하주'로서 에너지절약 추진축이 의무화되었다. 운송회사뿐만 아니라 운송을 의뢰한 기업도 에너지 소비량의 삭감이 의무화 되었다. Honda는 개정 에너지절약법에 있어서 하주책임범위로서 완성차(기)수송, 공장간 부품수송, 보수·부품 수송 등을 매출액 당 CO_2 배출량이 2006년도 비하여 10% 삭감하는 것을 목표로 정하고 있다.

[그림 149] 차종별 CO_2 배출량 범위

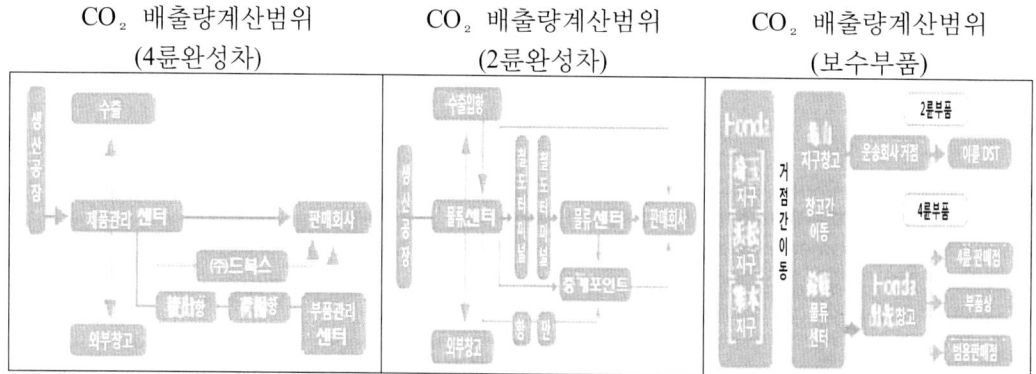

〈표 34〉 CO_2 삭감효과

CO_2 삭감효과(2008년도)			CO_2 삭감효과(2008년도)		
항 목	시작연도	효과	항 목	시작연도	효과
에너지절약 운전활동 및 크레일러 신규차량으로 교체	2004	687 CO_2 ton	중국수입이륜차 揚港 변경	2008	99 CO_2 ton

- 포장

2008년도는 외장 returnable case 도입을 적극적으로 전개해 왔다. 이 결과 미국의 알리바마 공장과 중국의 武漢공장으로 적용을 확대할 수 있었다. 대만 행, 브라질 행 등의 내장 returnable 용기의 확대를 중심으로 적용비율을 증가시켜 (전년도비 8.0% up) 골판지용기를 삭감하였다.

〈표 35〉 KD(Knock Down) 부품 returnable case 사용비율

지역	사용비율(%)		
	2006년도	2007년도	2008년도
북미행	69.7	82.1	84.1
남미행	14.0	41.7	44.0
유럽행	69.7	67.8	74.5
아시아.대양주 행	51.7	57.5	67.0
중국행	1.9	24.9	43.3
합계	49.6	60.2	68.2

〈표 36〉 KD(Knock Down) 부품 포장자재 사용량 삭감

항 목	삭감량
스틸재 사용량 삭감	1,763 톤
골판지재 사용량 삭감	72톤

◇ 3R
- 폐기단계의 리사이클 추진

자동차 제조회사는 에어컨 냉매로서 사용되고 대기로 방출되면 오존층 파괴와 지구온난화에 영향을 주는 "프론류", 사용완료 자동차로부터 유용자원을 회수한 후 남은 "슈레이드더스트(ASR)", 폭발성이 있어서 처리가 어려운 "에어백 류"의 3품목을 인수하여 처리를 하고 있다.

〈표 37〉 2008년도 재자원화 등의 개요

프론	총 회수량	98,518.3kg/321,106대
에어백, 인브레이크	회수처리	37,586개/18,817대
	작동처리	339,162개/147,312대
	재자원화 율	94.5%(기준85%이상)
슈레이드 더스트	거래량	66,941톤/358,212대
	위탁전부이용인수ASR담당량	6,112톤/33,171대
	재자원화 비율	8.05%

- 혼다 제품 자원 순환
· 제품본래의 기본성능 향상과 3R을 고려한 설계를 한다.
· 경제 합리성이 높고 실효성 있는 추진을 하고 그 성과에 대한 피드백을 실시한다.
· Reduce설계를 우선하고 동시에 Reuse Recycle시의 자원, 에너지 사용량을 감축한다.
· 폐차시의 환경영향도 고려하고 제품에 포함되는 환경부하물질을 가능한 적게 배출한다.
· 기업 활동과 관계된 다양한 사람들과의 협력, 연대가 필요하다.

[그림 150] 제품의 자원순환·3R의 주요추진

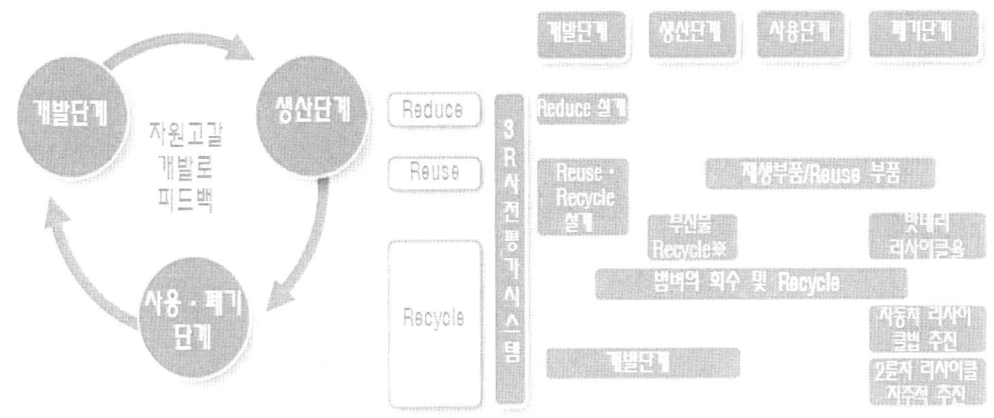

- 거래처의 환경부하 저감

폐기물의 경우, 2008년도의 거래처의 폐기물 등의 발생량은 원단위로 2007년도 비 1.1%저감이라는 목표에 대하여 1.5% 저감을 달성하였다. 거래처의 폐기물 매립 처분물량도 계속하여 Zero화를 달성하고 있다.

〈표 38〉 연차 목표와 실적

2008년도 주요 목표	2008년도 주요 실적
● 땜납의 삭감을 추진 ● 거래선 CO_2 배출량 저감 ● 거래선 매립 제로화 계속 ● 거래선 폐기물발생원단위 1.1%저감 ● 거래선 물 사용량 원단위 저감 ● ISO14001미 취득 거래처에 대하여 대체 인증도를 포함한 취득추진	● 일부부품에 대해서는 이미 땜납 클린화 완료 ● 거래선 매립 제로화의 계속 ● 거래선 폐기물발생원단위 1.5% 저감(2007년 대비) ● 거래처의 물 사용량 원단위 6.4%증가(2007년 대비) ● 관리대상 전사 인증 취득완료

주: 대상거래기업 32개사

CO_2 의 경우, 거래처의 CO_2 배출량저감을 목표로 대상이 되는 거래선 32사에게 다양한 삭감 시책을 실시한 결과 2008년은 2000년도 비하여 원단위 6.4%저감이 이루어졌다. 2008년도는 연도후반부터 세계적인 경제쇠퇴의 영향으로 가동비율이 줄어 거래선 32사의 전 생산 사업에 있어서 비 가동 시에 운전하고 있는 설비의 세척을 하는 등 전력사용량삭감을 위하여 철저한 활동을 실시하였다.

실천활동 [2] 제품평가에 대한 가이드라인이나 매뉴얼에 물류에 관한 내용을 포함하고 있으며 이를 활용하여 평가하고 있는가?

핵심활동 4.4 환경성과 ▶ 4.4.2 성과 측정

실천활동 [1] 수배송에 관련된 환경성과를 측정하고 있는가?

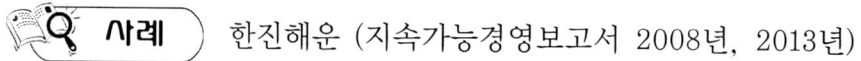
사례 한진해운 (지속가능경영보고서 2008년, 2013년)

■ 대기오염 배출물 관리

세계적으로 해상운송 수요증가에 의한 해운분야의 연료 소모량은 증가추세이며, 현재의 화석연료 사용 이외의 다른 대안은 없는 것이 현실이다. 따라서 한진해운은 신기술 도입 및 화석 연료 절약의 노력을 통하여 지구 온난화 가스 배출 저감 및 오존파괴물질에 대하여 철저한 관리를 하고 있다.

◇ 오존 파괴 물질의 관리

냉동 컨테이너에 사용되는 오존파괴물질인 CFC-12 냉매의 사용을 1997년부터 전면 중단하고 오존 파괴에 영향이 적은 HCFC-134a로 대체하였다. 또한 신조 선박에는 선박 에어컨에 사용중인 HCFC-22 물질 대신 오존파괴지수가 낮은 HCFC 404a와 407c 냉매로 대체하였다.

선박에서는 주기적인 점검과 누설 테스트를 통하여 오존층 파괴물질이 대기로 누출되지 않도록 최대한 노력하고 있으며, 더불어 HALON GAS 소화설비는 매년 전문업체를 통해 점검 받고 있다.

■ 대기환경물질의 관리

◇ 황산화물질 배출 관리

선박에서의 연료유 사용에 대해 국제적으로는 황함량 4.5% 미만의 연료유를 사용하도록 규정하고 있으나, 2006년도부터 평균 황함량 3.0% 미만의 연료유를 사용함으로써 SOx 배출 저감효과를 이루었다.

[그림 151] 황산화물질 규제 동향

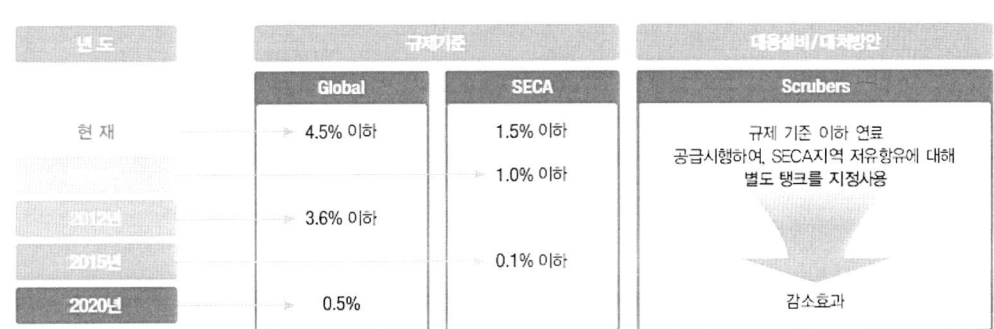

[그림 152] De NOx System(EGR : Exhaust Gas Recirculation 방식)

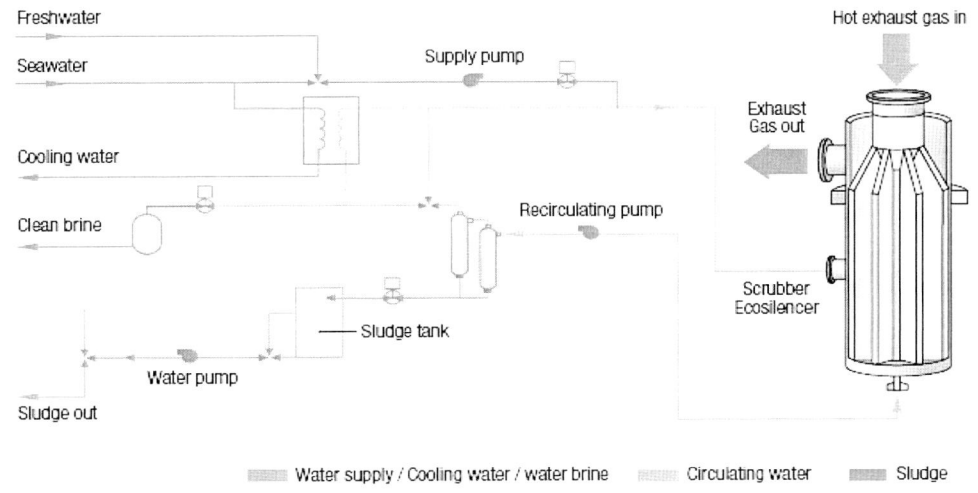

※ 연료유를 연소하면서 발생되는 NOx 성분을 IMO Tier I 대비하여 40% 저감하는 장치를 설명하는 그림

또한 캘리포니아주에 정기적으로 입항하는 선박에는 정박중 발전기 운전으로 인한 유해가스의 배출을 줄이기 위해 자발적으로 고가의 저유황 정제유를 사용하고 있으며, LA 및 LGB 항에서는 0.2% 이하의 저유황 Gas Oil을 사용하는 Incentive program에 자발적으로 참여하고 있다.

SECA(황산화물 배출 규제지역) 지역의 항해를 위해 신조선에는 별도의 저유황 저장설비를 갖추었으며, 운항선 또한 별도의 저장탱크를 지정하여 관리함으로써 국제협약을 성실히 이행 준수하고 있다.

[그림 153] SOx 배출량

단위 : 천 톤

구분	2006	2007	2008
용선	123.3	105.9	89.3
자사선	39.3	50.5	50.6
총소모량	162.6	156.4	139.9

◇ 질산화 물질 배출관리

1997년부터 선내 소각으로 인한 NOx 발생량을 줄이기 위해 연소실 내 산소 함량을 12% 이하로 제한하고 배기온도를 1200℃ 이하로 제한하는 기능을 갖춘 IMO-TYPE 소각기를 장착하였으며, 연료소모량이 많은 컨테이너선은 건조중인 모든 주기관 엔진에 가장 환경 친화적인 엔진인 전자식 제어 엔진을 채택하여 NOx 배출 감소에 노력하고 있다. 또한 HOT COIL 전용선에는 고가의 DE-NOx system(SCR 방식)을 장착하여 황 함유량이 거의 없는 연료유 사용 및 NOx의 약 98% 이상을 제거하여 방출하고 있다.

[그림 154] NOx 규제동향(주기관 대상)

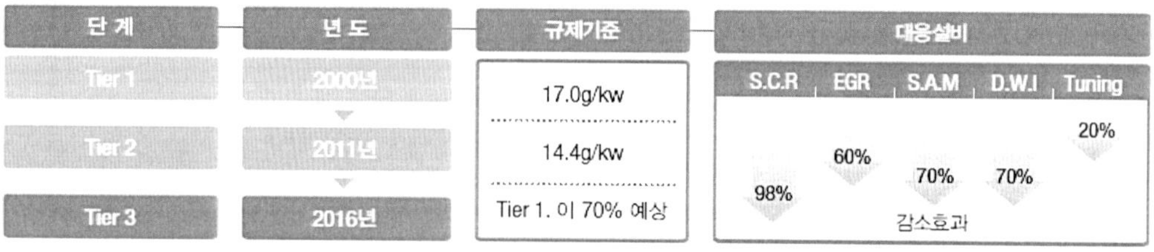

단계	년도	규제기준	대응설비
Tier 1	2000년	17.0g/kw	S.C.R 98% / EGR 60% / S.A.M 70% / D.W.I 70% / Tuning 20%
Tier 2	2011년	14.4g/kw	감소효과
Tier 3	2016년	Tier 1.의 70% 예상	

[그림 155] De NOx System (SCR : Selective Catalytic Reduction 방식)

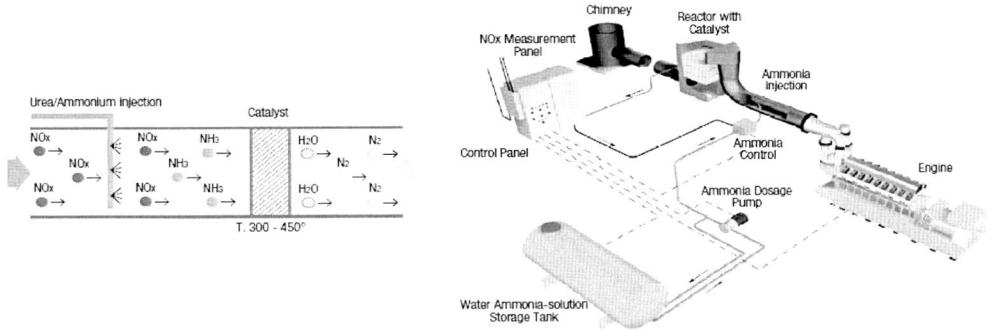

※ 연료유를 연소하면서 발생되는 NOx 성분을 IMO Tier I 대비하여 95% 저감하는 장치를 설명하는 그림

◇ 이산화탄소 배출 관리

인체에는 무해하나 지구 온난화 현상에 영향을 미치는 이산화탄소에 대해서는 연료소모량과 직접적인 관계가 있으므로 연료유 절감 노력에 전 승조원 및 직원들이 노력하고 있다.

[그림 156] 화물이송 거리당 대기배출물 현황

선 종	CO2배출량(g-CO2/TEU·km)		SOX배출량(g-CO2/TEU·km)	
	2007	2008	2007	2008
4024TEU	107.4	125.4	2.21	2.17
5302TEU	122.5	110.0	2.21	1.89
6500TEU	118.7	98.3	2.15	1.74
CNTR 평균	116.2	111.2	2.19	1.93

[그림 157] CO_2 배출량

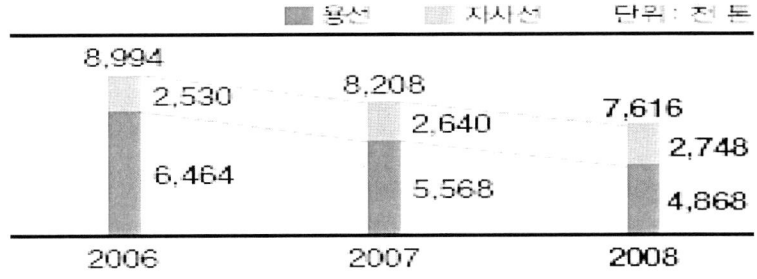

■ 기후변화 대응

2010년, 한진해운은 탄소배출량을 총괄하는 Green House Gas(온실가스) 인벤토리 시스템을 도입하여 배출원별 탄소 배출량을 집계하고 관리하여 한진해운의 전체 탄소배출량을 계산, 탄소배출 기준 년도 및 감축목표를 설정하는 등 탄소 저감을 위한 활동을 수행 중에 있다. 컨테이너 1TEU를 1km 운반하는데 발생하는 이산화탄소 배출량을 2015년까지 2008년 대비 15% 감축한다는 목표를 수립 후 절감 활동을 통해 2011년 말 이 목표를 조기 달성하였으며 이후 2015년까지 29% 감축이라는 도전적인 목표로 재설정하였으나, 2012년 말 조기 달성하여 현재 장기 감축 목표를 재설정 중에 있다.

〈표 39〉 온실가스 배출량 현황(단위:Ton)

구분	2010	2011	2012
직접배출	9,715,308	9,849,3868	9,166,592
에너지 간접배출	61,149	42,745	71,513
총 온실 가스배출량	9,776,457	9,892,613	9,238,105
선박	9,675,668	9,828,423	9,113,454
터미널	94,069	57,017	117,399
건물	6,720	7,173	7,252

실천활동 [2] 포장에 관련된 환경성과를 측정하고 있는가?

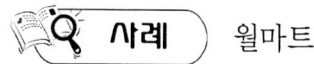 월마트

■ 공급자 스코어카드

월마트의 조사 결과, 월마트 사업장에서 발생하는 직접적인 환경 발자국은 8%에 지나지 않고, 나머지 92%는 자사에 상품을 납품하기 위한 공급자들의 활동에 의해 간접적으로 나타나고 있다는 것을 발견하였다. 따라서 월마트는 자사 공급자들의 지속가능경영에 대한 노력과 정보를 데이터베이스화하는 프로젝트를 실시하고 있다. 프로젝트는 TSC(The Sustainability Consortium)의 핵심성과지표(KPI key performance indicators)를 사용하여 광범위한 공급사슬 전체의 공급업자를 조사하고, 190개 이상의 제품종류별로 데이터를 구축한다. 예를 들어, 공급자가 납품하는 제품의 포장에 관하여 월마트가 정한 기준에 근거하여 자체적으로 평가하는 포장 스코어카드 시스템을 도입하는 방법이다. 포장 스코어카드 시스템은 재료 종류(어떤 포장 재료가 쓰였는가), 재료 무게(얼마나 많은 재료가 쓰였는가), 재료 이동거리(재료는 얼마나 멀리서 공급되었는가), 포장 효율성(공간이 얼마나 효율적으로 사용되었는가)의 4가지 개념에 근거하고 있다. 포장 스코어카드 시스템을 이용하여 탄소 감축에 기여하기 위한 기본 아이디어는 7R: Remove(제거), Reduce(감축), Reuse(재사용), Recycle(재활용), Renew(교체), Revenue(수익) and Read(검침)로 정의하고 있다.

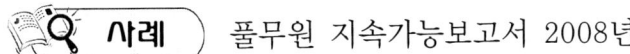

사례 풀무원 지속가능보고서 2008년

■ 웹기반의 포장재 전 과정 평가

풀무원에서 생산하는 주요 제품은 사용단계에서 환경영향은 없으며, 사용한 이후 포장재를 처리하는 과정에서 재활용, 소각 또는 매립되고 있다. 친환경적인 포장재 설계를 위해 포장재 재질별로 전 과정평가를 실시하였으며, 그 결과를 포장재 설계내용별로 손쉽게 비교 평가할 수 있도록 웹기반으로 시스템을 구축하였다. 풀무원 및 풀무원과 관계된 협력기업에서도 확인할 수 있도록 공개하고 있다.

[그림 158] 포장재 재질별 전 과정평가 결과   [그림 159] 필름형 포장재의 두께에 따른 환경영향 결과

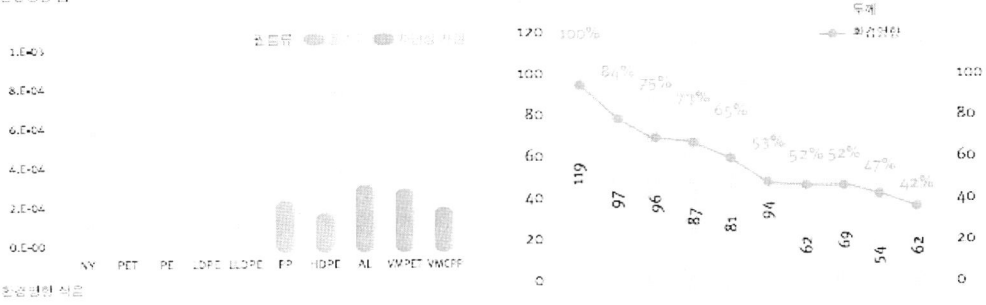

[그림 160] 포장재 전 과정평가 활용 화면

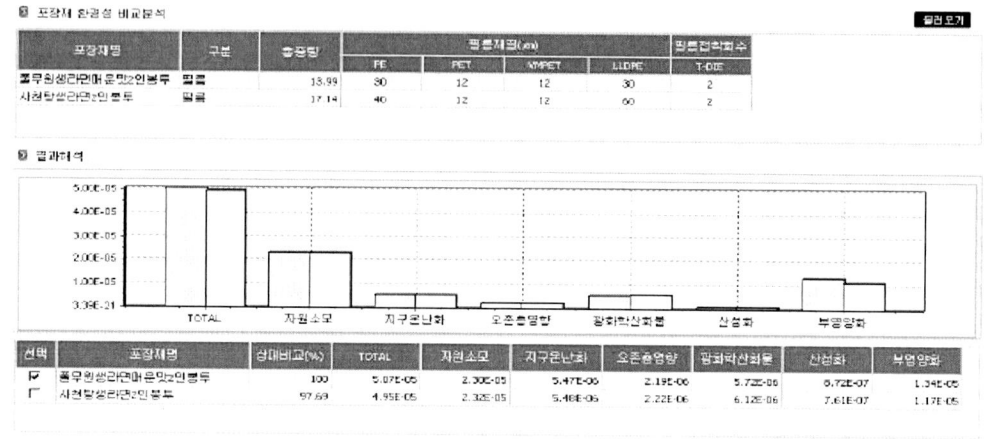

실천활동 [3] 물류활동에서 발생하는 물 문제를 측정하고 있는가?

코카콜라 0.5리터생산에 필요한 물발자국 중 3분의 2가 사탕무 생산과정에서 발생하는 그린 물발자국과 불루 물발자국이다. 이 중 그린 물발자국이 15리터이며, 불루 물발자국은 8리터이다. 그레이 물발자국은 사탕무 생산에 사용된 비료의 질소성분 환경오염과 PET병 생산과정의 냉각수를 포함하며, 전체 물발자국의 3분의 1인 12리터이다. 유럽의 사탕무는 지중해지역을 제외하고는 불루 물발자국 사용지역은 드물며 물이 풍부한 지역에서 주로 그린물발자국으로 재배된다. 조사결과 사탕무 생산에 사용되는 물발자국은 프랑스가 279리터/kg, 그리스가974리터/kg등으로 최대 3배이상 차이가 나는 것으로 조사되었다. 이러한 결과를 기초로 향후 사탕무를 원료로 한 정제 설탕의 환경, 사회 및 경제적 영향평가를 시도하고 있다. 음료제조공장에서 사용하는 물의 대부분은 제품에 들어가게 된다. 음료에 들어가는 물의 양을 줄일 수는 없지만, 제조과정에서 낭비되는 물을 줄이는 활동을 지속하고 있다. 코카콜라에서 물 절약에 가장 큰 영향을 미치는 것은 Water Treatment System이다. 이를 통해 매년 180백만ℓ의 물을 절약하고 있고, 물 처리 프로세스로부터 회수되는 물을 우회시키고 설비 내 다른 곳에서 재사용하게 도와준다.

자연환경으로 방출되는 폐수는 적절히 처리되어야 하고, 수중생물에 영향을 미치지 않게 해야 한다. 2008년 코카콜라 사는 76개 생산설비에서 약 150억ℓ 폐수를 도시용수처리공장으로 전환하는 기준을 충족 시키기로 하였다.

[참고문헌]

교통안전공단 홈페이지
BGF리테일, www.bgfretail.com /BGF리테일 보고서 (2013)
BMW, www.bmw.co.kr
CJ GLS, www.doortodoor.co.kr
CJ제일제당, www.cj.co.kr
DHL, http://logiseconomy.tistory.com/2032
DHL, www.dhl.co.kr
Homeplus, www.homeplus.co.kr
HONDA, www.honda.com
Honda, www.hondakorea.co.kr
http://www.coca-colacompany.com/2008Corporate Responsibility and Sustainability (CRS) Report
IKEA, www.ikea.kr
LG생활건강, www.lgcare.com
LG전자, www.lge.co.kr
LG화학, www.lgchem.com
Maersk Line, www.maerskline.com
Sharp Electronics Corporation, www.sharpusa.com /Sharp Sustainability Report (2014)
Maersk Line, www.maerskline.com /Sustainability Progress Update (2013)
Maersk Line, www.maerskline.com, Maersk Line, Sustainability Progress Update (2013)
POSCO, www.posco.co.kr
STX 그룹, www.stx.co.kr
STX 조선해양, www.stxons.com
STX 팬오션, www.panocean.com
SUNTORY, www.suntory.com

TNT, http://www.tnt.com/Annual Report (2013)

TOYOTA, www.toyota.co.kr

UPS, www.ups.com/kr / Corporate Sustainability Report (2013)

고마쯔, http://www.komatsu.com/

금호타이어, http://eco-up.kumhotire.co.kr

기아자동차, 지속가능보고서 2013.

까르푸, www.carrefour.com

네오엠씨씨, www.neomcc.com

농협물류, www.nhlogis.co.kr

다하라 물류센터, http://ulogistics.co.kr/

대우조선해양, www.dsme.co.kr

대한항공, kr.koreanair.com

롯데쇼핑, store.lotteshopping.com

사가와큐빈, http://www.sagawa-exp.co.jp/

삼성전자, www.samsung.com/sec/ 지속가능경영 보고서 (2011, 2012, 2014)

삼성테스코, www.tesco.com

쉥커, www.dbschenker.com

스미킨 물산, http://www.nssb.nssmc.com/

스타벅스, www.istarbucks.co.kr

아모레퍼시픽, www.amorepacific.com

아시아나항공, www.flyasiana.com

엑소후레쉬, www.exofresh.co.kr

용마로지스, www.yongmalogis.co.kr

월마트, www.walmartstores.com

유니레버, www.unilever.co.kr

유한킴벌리, www.yuhan-kimberly.co.kr /사회책임 경영보고서 (2014)

이건환경, www.eagon.com

이온, www.aeon-kyushu.info

일본통운, www.nittsu.co.jp

지씨텍, www.gctech.co.kr

캐논, www.canon.co.kr
코카콜라, www.cocacola.co.kr
코스코로지스틱스, http://en.cosco.com/
타타철강, www.tatasteel.com
풀무원, www.pulmuone.co.kr
한국전력공사, www.kepco.co.kr
한국타이어, kr.hankooktire.com
한진해운, www.hanjin.com, 지속가능경영 보고서 (2010, 2013)
현대모비스, www.mobis.co.kr
현대제철, www.hyundai-steel.com
홈플러스, www.homeplus.co.kr

저자 소개

• **박 석 하** (경영학박사)
  (주)로지스파크닷컴 대표
  기술사, 물류관리사, 한국녹색물류학회 녹색물류위원장 등
  주요 수상 : 한국녹색물류학회 학술상 등
  주요 저서 : 녹색물류, 원가계산과 원가관리, EBS 교재 물류관리론(공편저) 등

• **임 종 석** (경영학박사)
  성결대학교 동아시아물류학부 조교수
  해무사, 한국녹색물류학회장, 국토교통부 NGO정책자문위원 등
  주요 수상 : 부산대학교 학술상 등
  주요 저서 : 조선의 해운경제, EBS 교재 화물운송론 등

녹색물류활동 Best Practice

정가 20,000원

2017년 09월 30일 인쇄
2017년 10월 02일 발행

공 저 : 박 석 하 · 임 종 석
발행인 : 박　중　열
발행처 : 다 솜 출 판 사
인쇄처 : 효 성 문 화 사

등록번호 : 1994년 4월 22일 제2001-000001호
부산광역시 중구 대청로 135번길 10-1
TEL : (051)462-7207/8 FAX : (051)465-0646

ISBN 978-89-5562-557-8 93530

이 책의 무단복제를 금함